언플러그드 놀이로 쉽게 배우는 인공지능

인공지능,
언플러그드를 만나다

홍지연 지음

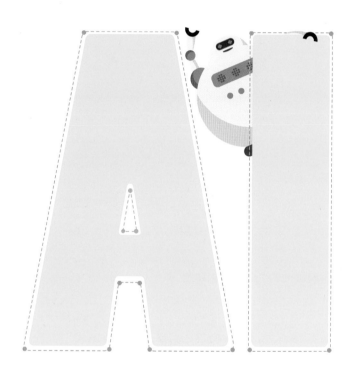

YoungJin.com Y.
영진닷컴

✦ 언플러그드 놀이로 쉽게 배우는 인공지능 ✦

인공지능, 언플러그드를 만나다

1판 1쇄 발행 : 2020년 6월 30일
1판 2쇄 발행 : 2022년 4월 25일

발행인 : 김길수
발행처 : ㈜영진닷컴
등 록 : 2007. 4. 27. 제16-4189호
이메일 : support@youngjin.com
주 소 : (우)08507 서울특별시 금천구 가산디지털1로 128 STX-V타워 4층 401호

ISBN   978-89-314-6299-9

독자님의 의견을 받습니다.
이 책을 구입한 독자님은 영진닷컴의 가장 중요한 비평가이자 조언가입니다. 저희 책의 장점과 문제점이 무엇인지,
어떤 책이 출판되기를 바라는지, 책을 더욱 알차게 꾸밀 수 있는 아이디어가 있으면 팩스나 이메일, 또는 우편으로
연락주시기 바랍니다. 의견을 주실 때에는 책 제목 및 독자님의 성함과 연락처(전화번호나 이메일)를 꼭 남겨 주시기
바랍니다. 독자님의 의견에 대해 바로 답변을 드리고, 또 독자님의 의견을 다음 책에 충분히 반영하도록 늘 노력
하겠습니다.

파본이나 잘못된 도서는 구입하신 곳에서 교환해 드립니다.

STAFF
저자 홍지연 | **총괄** 김태경 | **기획** 최윤정 | **디자인·편집** 김소연 | **영업** 박준용, 임용수, 김도현
마케팅 이승희, 김근주, 조민영, 김도연, 채승희, 김민지, 임해나, 이다은 | **제작** 황장협 | **인쇄** 제이엠

머리말

4차 산업혁명 시대로의 전환, 인공지능의 발달로 인해 인류는 지금까지와는 완전히 다른 새로운 세상을 맞이하고 있습니다. 이러한 세상에서 요구되는 인재상 역시 달라질 수밖에 없지요. 과거의 인재상이 기존의 지식을 잘 활용하고 적절한 정보 분석과 타인의 지식을 잘 습득하는 추격형 인재(fast follower)였다면 현재 그리고 미래에 필요한 인재는 창의적인 스토리텔링을 통해 새로운 지식과 가치를 만들어 낼 수 있는 인재, 즉 선도형 인재(first mover)라 말할 수 있습니다.

이런 선도형 인재로 키우기 위해서 가장 중요한 것이 '창의성'이고 이를 위해 2015 개정 교육 과정에서는 소프트웨어 교육을 도입하였습니다. 소프트웨어 교육은 빠르게 변하는 정보 사회의 가치를 이해하고 정보 사회의 구성원으로서 필요한 의식을 갖추며 정보 기술을 활용해 문제를 해결할 수 있는 능력인 정보 문화 소양을 갖추도록 합니다.

또한, 소프트웨어 교육은 소프트웨어의 기본적인 개념과 원리를 바탕으로 실생활의 문제, 다른 학문 분야의 문제를 창의적이고 효율적으로 해결할 수 있는 사고 능력인 컴퓨팅 사고력을 키워줍니다. 이뿐 아니라 네트워크 컴퓨팅 환경을 바탕으로 다양한 지식을 습득하고 이를 공유하며 효율적인 의사소통, 협업을 통해 문제를 창의적으로 해결할 수 있는 협력적 문제해결력 역시 신장시킬 수 있지요.

그런데 이런 소프트웨어 교육이 현장에 채 안착도 되기 전에 인공지능 교육이 이루어진다고 하니 학교 현장은 물론 자녀 교육에 애쓰는 우리 부모님들의 우려와 혼란이 가중되고 있습니다. 인공지능 교육과 소프트웨어 교육이 둘 다 컴퓨터 과학의 추상화를 기반으로 한다는 점, 현재의 소프트웨어 교육이 코딩을 통한 설계와 개발로 자동화 구현에 집중하고 있다면 인공지능 교육은 자동화된 지능의 모델링과 활용에 집중하고 있다는 점 등을 고려해볼 때 소프트웨어 교육과 인공지능 교육을 완전히 다른 교육으로 보기보다는 이 둘의 접점을 찾아 연계해 가는 것도 매우 현명한 방법이 될 수 있습니다.

과거 제1차 산업혁명은 세상 사람들에게 미래 사회에 대한 극도의 불안감을 안겨주었습니다. 그리고 그러한 불안감은 기계를 파괴하는 **러다이트 운동***으로 이어졌지요. 그러나 결국 역사를 되

***러다이트 운동** : 러다이트 운동(Luddite)은 19세기 초반 영국에서 있었던 사회 운동으로 섬유 기계를 파괴한 급진파부터 시작되어 1811년에서 1816년까지 계속된 지역적 폭동으로 절정에 달했으며, 시간이 지나면서 이 용어는 일반적으로 산업화, 자동화, 컴퓨터화 또는 신기술에 반대하는 사람을 의미하게 되었다.

돌아보면 기계는 우리를 육체 노동에서 해방시켜 주었습니다. 그리고 인간이 할 수 있는 더욱 자유로운 상상과 창의적인 두뇌 활동을 통해 다양한 영역의 지식을 축적할 수 있도록 도와주었죠. 4차 산업혁명의 핵심 동력이라 할 수 있는 인공지능 역시 인간을 지금의 지식 노동에서 해방시켜 인간 본연의 가치인 상상하고 창작할 시간을 선물해줄 고마운 기술 혁신으로 기록될지도 모릅니다.

처음 소프트웨어 교육이 시작될 때 느꼈던 막막함과 두려움을 요즘 이 인공지능 교육의 시작에서도 느끼는 분들이 많습니다. 그래서 그때 그러했던 것처럼 인공지능 교육도 놀이에서부터 시작하려고 합니다. 가볍게 아이들과 함께 시작해볼 수 있는 언플러그드 놀이를 통해 인공지능이 무엇인지 알아보고 기계가 어떻게 학습해가는지 그 방법과 원리도 더 쉽게, 더욱 재미있게 한발 다가가려 합니다.

〈인공지능, 언플러그드를 만나다〉와 함께 우리 아이들은 인간이 오감을 통해 세상을 느끼고 인식하는 것처럼 기계가 센서를 통해 세상을 인식해가는 과정을 자연스럽게 배울 수 있습니다. 기계가 지식을 표현하는 방법, 이를 바탕으로 어떻게 추론을 해나가는지, 사람이 아닌 기계가 사람처럼 학습할 수 있는 방법은 무엇인지 데이터는 왜 중요한지를 각각의 놀이를 통해 하나씩 배워갑니다. 또 기계와 인간이 어떻게 상호작용할 수 있고, 인공지능이 사회에 어떤 영향을 미칠 수 있는지도 놀이를 하는 과정에서 생각해볼 수 있습니다.

소프트웨어 교육에 있어 언플러그드 활동의 효과성과 만족도는 이미 많은 학교 현장에서 선생님과 학생들을 통해 입증되었습니다. 말로는 생소한 개념과 원리를 놀이를 통해 쉽고 재미있게 습득해가는 우리 아이들의 모습을 통해 말이지요. 이는 인공지능 교육에서도 마찬가지입니다. 특별한 도구나 교구는 필요없습니다. 책에서 제공하는 각종 부록을 통해 가족과 함께 또는 친구와 함께 즐겁게 즐기다 보면 어느새 인공지능에 대해 훨씬 친숙하게 느끼고 학습할 수 있게 됩니다.

두려워하기보다 미래 사회에 대비한 교육을 준비해야 한다고 생각합니다. 아무것도 하지 않으면 그 어떤 변화도 일어나지 않습니다. 세상이 어떻게 바뀌고 있는지 그 움직임에 귀 기울이며 우리 학생들 역시 변화하는 사회에 대한 민감성과 통찰을 가질 수 있도록 해야 합니다. 삶이 곧 놀이가 되고, 놀이가 곧 학습이 되어 배움과 삶, 그리고 놀이가 하나되는 경험을 통해 우리 아이들이 행복한 학습자로 자라나길 기대합니다. 인공지능 시대를 살아가야 하는 우리 아이들이 스마트한 지능뿐 아니라 삶을 즐길 줄 아는 인생의 주인공으로 거듭나기를 기대하며 이 한 권의 책이 우리 아이들의 즐거움에 작은 보탬이 되기를 희망해봅니다.

저자 **홍지연**

초등학교 교사
한국교원대학교 대학원 초등 컴퓨터 교육 박사수료

저서

언플러그드 놀이 시리즈 영진닷컴

즐거운 메이커 놀이 활동 시리즈 영진닷컴

학교 수업이 즐거워지는
엔트리 코딩 영진닷컴

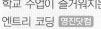

알버트 AI로봇과 함께하는
즐거운 엔트리 코딩 [카드 코딩] 영진닷컴

- WHY? 코딩 워크북 예림당
- 코딩과학동화 시리즈 〈팜〉 지하농장편, 하늘농장편 길벗
- 소프트웨어 수업백과 상상박물관
- HELLO! EBS 소프트웨어 EBS 외 다수

인공지능 교육 어떻게 시작할까요?

❶ 초등학교에서도 인공지능 교육이 가능할까요?

가능합니다. 또한, 필요하다고 생각합니다. 이미 우리 아이들의 생활 속에 인공지능은 깊숙이 들어와 있습니다. 매일 아침 마주하는 AI 스피커가 인공지능 기술을 바탕으로 만들어졌음을 알고 사용했을 때 더 적절하게 사용할 수 있을 뿐 아니라 어떤 점이 개선되어야 하는지도 생각해볼 수 있습니다. 단, 여기서 말하는 인공지능 교육은 어른들에게도 어려운 인공지능 학문에 대한 수준 높은 접근을 말하는 것이 아닙니다. 생활 속에 인공지능 기술이 어떻게 녹아있는지 알고, 세상이 어떻게 변해가고 있는지에 대한 민감성과 미래 사회에 대한 통찰을 키워갈 수 있는 소양을 가질 수 있도록 하는 인공지능 교육을 의미합니다.

❷ 소수의 학생들을 위한? 모두를 위한 인공지능 교육?

이 책에서는 모두를 위한 인공지능 교육을 의미합니다. 소수 엘리트를 위한 교육을 의미하지 않습니다. 인공지능의 개념과 원리를 놀이를 통해 접근하기 때문에 누구나 쉽게 즐기며 학습할 수 있습니다. 교육의 격차가 빈부의 격차를 야기하듯 정보 사회에서 정보의 격차는 심각한 빈부의 격차를 야기할 수 있습니다. 인공지능 교육 격차 역시 우리 아이들을 미래 인재로 키우거나 키우지 못할 수 있고 이는 결국 소득의 격차, 빈부의 격차로 이어질 수 있습니다. 따라서 초등 과정에서의 인공지능 교육은 모든 학생을 위한 교육이어야 한다고 생각합니다. 어린 시절 신나게 놀면서 체험했던 인공지능 교육이 그 아이들을 미래 사회에 꼭 필요한 인재로 자라는데 밑거름이 될 수 있도록 말입니다. 그래서 더 쉬워야 하고 즐거워야 하며 누구든 즐길 수 있어야 합니다.

❸ 미래 사회에 대비한 교육 환경을 만들어 주세요!

AI, 빅데이터, IoT, 로봇, 3D 프린터 등 4차 산업혁명 시대의 최첨단 기술의 발전은 우리의 일상 생활은 물론 사회, 문화, 정치, 경제, 교육 등 모든 것을 바꿔놓고 있습니다. 이렇게 급변하는 시대에 우리 아이들이 갖춰야 할 사고력 중 하나가 바로 컴퓨팅 사고력이며 이 책에서 말하고자하는 인공지능 소양 역시 우리 아이들을 미래의 인재로 키워주는 역량이라 말할 수 있습니다. 하지만 이런 미래 사회에 대비한 교육이라고 해서 굉장히 대단한 무언가가 있는 것이 아닙니다. 미래 교육은 말 그대로 우리 아이들을 스스로 생각할 수 있는, 그래서 무엇인가 자신만의 새로

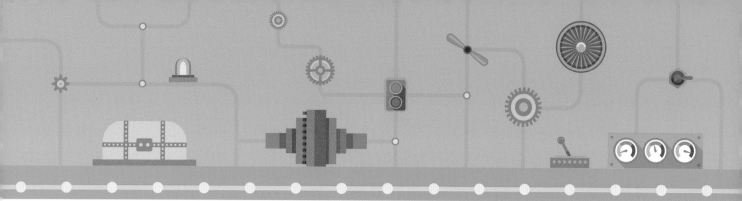

운 것을 만들 수 있는 능력을 키우는 교육입니다. 따라서 우리 아이들의 생활이 곧 교육이고, 환경이 곧 역량이 됩니다. 손 닿을 곳에 항상 책을 가까이 두는 것. 무엇이라도 스스로 만들어 볼 수 있는 공간이 있도록 하는 것. 모르는 것이 있을 때 즉시 주변의 도움 또는 컴퓨터의 도움을 받아 지식을 습득할 수 있도록 하는 것. 아이의 상상력을 끊임없이 지지해주는 것, 바로 이런 노력, 이런 환경이 필요합니다. 여기에 한발 더 나아가기 위해 체계적으로 공부할 수 있는 소프트웨어 교육이나 인공지능 교육 관련 책 한 권 선물해보면 어떨까요? 이런 작은 출발에서부터 시작해보세요.

❹ 이것만은 주의해주세요!

놀이는 즐거워야 합니다. 〈인공지능, 언플러그드를 만나다〉를 통해 인공지능에 대한 호기심이 생기고 더 공부하고 싶은 마음이 생겼다면 그것만으로도 충분하다고 생각합니다. 그런데 더러 학습을 지나치게 강조한 나머지 놀이가 재미없어지고, 인공지능에 대한 호기심마저 사라지는 경우가 있습니다. 학습의 결과보다 학습의 과정에 더욱 집중해주세요. 학습의 과정이 즐겁고 흥미로웠다면 학습의 결과는 자연스럽게 따라오게 됩니다. 따라서 무엇을 배웠는지에 초점을 맞출 것이 아니라 어떻게 배웠는지, 얼마나 즐겁게 배웠는지에 더 관심을 기울여 주세요. 우리 아이들이 즐겁게 놀이에 몰입할 수 있도록 말이죠.

❺ 혼자서도 할 수 있는 인공지능 교육 정보

엔트리 https://playentry.org/

소프트웨어 교육에서 활용하던 엔트리로 인공지능 교육도 할 수 있습니다. 새로 추가된 인공지능 블록의 오디오 감지, 비디오 감지 등을 이용하면 목소리로 글을 쓰거나 오브젝트를 움직일 수도 있고, 카메라를 이용하여 몸을 움직이는 게임도 만들 수 있지요. 또한, 모델 학습을 이용해 나만의 인공지능 모델을 만들어 실생활에 도움이 되는 프로그램도 만들어 볼 수 있어요.

머신러닝포키즈 https://machinelearningforkids.co.uk/

영국에서 만들어 운영하는 어린이들을 위한 머신러닝 학습 사이트입니다. 단순히 머신러닝 모델을 만드는 것에 그치지 않고, 스크래치로 직접 만든 모델을 활용한 프로그램까지 만들어볼 수 있어 인공지능 소프트웨어 교육을 경험하기에 좋습니다.

티처블 머신 https://teachablemachine.withgoogle.com/

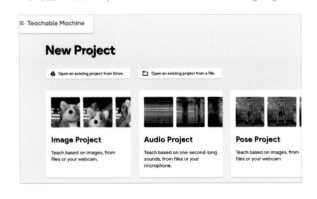

티처블 머신은 머신러닝을 누구라도 쉽게 배우고 활용할 수 있도록 해주는 학습 도구라 할 수 있습니다. 특히 학습해보는 것으로 끝나지 않고 프로젝트 과정에서 생성한 학습 모델을 다양한 방법과 용도로 활용해 볼 수도 있습니다. 이미지, 오디오, 포즈를 구분하는 머신러닝 모델을 만들어보고 싶다면 티처블 머신에 접속해보세요.

※ 더 자세한 내용은 〈인공지능, 언플러그드를 만나다〉의 다음 편인 〈인공지능, 스크래치를 만나다〉와 〈인공지능, 엔트리를 만나다〉에서 만나도록 해요.

목차

SECTION 01 센서가 필요해요! **16**

인공지능 놀이를 시작해요!

TIP 인공지능 로봇 센서의 역할 살펴보기

읽을거리 오감에 따른 센서의 분류

SECTION 02 목소리로 AI 로봇을 움직여요! **23**

인공지능 놀이를 시작해요!

TIP 구글의 음성 인식 기능을 활용한 글쓰기

읽을거리 음성 인식 기술이란?

SECTION 03 AI 로봇이 되어 감정을 판단해요! **30**

인공지능 놀이를 시작해요!

TIP 긍정 감정 & 부정 감정으로 분류해보기

읽을거리 얼굴 인식 기술이란?

읽을거리 얼굴 인식 머신러닝 모델을 만들 수 있어요!

CHAPTER 02 표현과 추론

SECTION 01

최단 경로를 찾아요! ———————————— 40

인공지능 놀이를 시작해요!

TIP 좀 더 복잡한 길의 최단 경로 찾아보기

읽을거리 최단 경로 알고리즘이란?

SECTION 02

의사 결정을 할 수 있어요! ———————— 47

인공지능 놀이를 시작해요!

TIP 간단한 스무고개 놀이하기

읽을거리 의사 결정 트리란?

SECTION 03

경우의 수를 찾아요! ————————————— 53

인공지능 놀이를 시작해요!

TIP 간단한 오목 놀이 해보기

읽을거리 인공지능은 어떻게 학습할까요?

CHAPTER 03 학습

SECTION 01 **데이터가 필요해요!** 62

인공지능 놀이를 시작해요!

읽을거리 생활 속 AI 전자 기기를 살펴봐요.

SECTION 02 **어떤 그림일까요?** 67

인공지능 놀이를 시작해요!

TIP AI 그림 그리기 도구 활용하기

읽을거리 인공지능으로 멋진 그림을 쉽게 그려요.

읽을거리 무슨 그림인지 맞춰봐!

CHAPTER 04 상호작용

SECTION 01 **튜링 테스트 놀이를 해요!** 76

인공지능 놀이를 시작해요!

TIP 〈챗봇〉 앱으로 인공지능과 대화하기

읽을거리 튜링 테스트란?

SECTION 02 **안전 챗봇과 놀아요!** 82

인공지능 놀이를 시작해요!

읽을거리 인간과 기계가 서로 소통해요.

읽을거리 AI 로봇과 진짜 친구가 될 수 있을까요?

CHAPTER 05 사회적 영향

SECTION 01 좋은 AI 소프트웨어를 찾아요! **90**

인공지능 놀이를 시작해요!

TIP 다양한 인공지능 앱 찾기

읽을거리 인공지능 시대의 장·단점은 무엇일까요?

SECTION 02 AI 윤리 보드게임을 해요! **96**

인공지능 놀이를 시작해요!

TIP 1인용 게임으로 진행해보기

읽을거리 인공지능 시대의 윤리적 문제?

부록

인공지능 보드판

CHAPTER 01 인식

인공지능이 세상을 인식하는 방법

SECTION 01 센서가 필요해요!

SECTION 02 목소리로 AI 로봇을 움직여요!

SECTION 03 AI 로봇이 되어 감정을 판단해요!

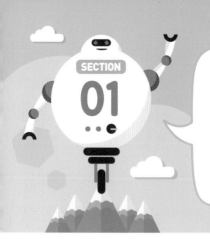

SECTION 01

센서가 필요해요!

인공지능 로봇은 센서를 이용해 세상을 인식할 수 있습니다. 자신이 원하는 인공지능
로봇의 기능을 생각해보고 필요한 센서를 연결해 로봇을 완성해봅시다.

수업 길잡이

난이도 ★★★★☆
소요시간 20분 이상
놀이인원 2~4인용
준비물 부록(로봇 몸체,
센서 모듈, 스토리
보드), 풀, 가위,
연필(펜)

인공지능 놀이를 준비해요!

놀이 목표

기계가 센서를 통해 세상을 인식함을 알기

놀이 약속

자신에게 꼭 필요한 센서를 선택하기

학교에서 이렇게 배워요!

수업 활동

6학년 실과 : [6실05-07] 여러 가지 센서를
장착한 로봇을 제작한다.

K11-12 : 인공지능이 많은 소프트웨어 및
물리적 시스템을 어떻게 운영하는지 설명한다.
(K12 CSS)

이 놀이는

센서

로봇에 필요한 센서를 부착해보고 센서의 역할에 대해 이해하는 활동입니다. 자신이 어떤 로봇이 필요
한지, 그 로봇을 완성하기 위해서 필요한 센서는 무엇인지를 생각해보는 과정에서 컴퓨터가 센서를 이
용해 세상을 인식한다는 것을 자연스럽게 익힐 수 있습니다.

1 인공지능 놀이를 위해 로봇 몸체(부록), 센서 모듈(부록), 스토리 보드(부록), 풀, 가위, 연필(펜)이 필요합니다.

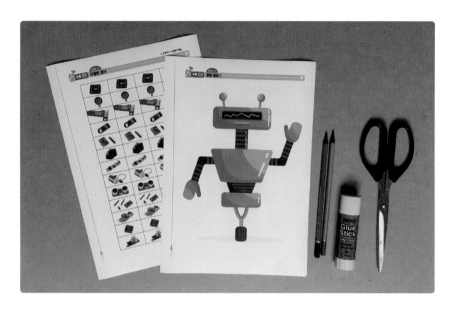

2 어떤 종류의 로봇과 센서 모듈을 확인합니다. 그리고 'Tip(20페이지)'에 있는 센서 모듈에 대한 설명을 읽고 각각의 센서 모듈이 어떤 역할을 하는지 이해합니다.

3 자신이 원하는 인공지능 로봇의 기능을 선택한 후 필요한 센서를 오립니다.

4 인공지능 로봇의 몸체에 필요한 센서를 붙입니다.

5 완성한 인공지능 로봇으로 상황극을 할 수 있도록 부록에 있는 스토리 보드를 활용해 줄거리를 간단하게 작성합니다. 이때 자신의 로봇에 있는 센서가 어떤 역할을 하는지 잘 드러나도록 작성합니다.

6 완성한 스토리 보드를 토대로 인공지능 로봇 상황극을 해봅니다.

인공지능 로봇 센서의 역할 살펴보기

센서 종류	기본 기능	활용 사례	사진
이미지센서	주변의 시각적 표현을 검출함	영상 인식 소프트웨어를 통해 얼굴을 포함한 물체들을 인식할 수 있으며 원격 운영자에게 시각적 이미지를 제공함	
터치/압력센서	물체와의 접촉을 감지함	안전을 위해 다른 물체와의 충돌을 방지하거나 민감한 물체들을 포착할 때 이용됨	
가속도센서	3축의 가속도를 감지함	로봇의 균형 유지에 필수적이며 동작 제어에 활용됨	
마이크로폰	음성 감지 및 입력함	인간과 로봇의 상호작용을 지원함	
자이로센서	흔들림 및 회전을 감지함	로봇 균형 유지에 필수적이며 동작 제어에 활용됨	
라이더센서	반사된 레이저 빛을 감지함	로봇 내비게이션 및 충돌 방지에 이용됨	
거리측정센서	적외선 또는 초음파를 이용하여 거리를 감지함	로봇 내비게이션 및 충돌 방지에 이용됨	

센서 종류	기본 기능	활용 사례	사진
레이더센서	반사된 무선 전파를 감지함	위험 및 충돌 방지를 위해 활용됨	
소나센서	반사된 수중 음파를 탐지함	해저 로봇들의 위험 감지 및 충돌 방시에 활용됨	
자기장센서	지구 자기장 기반의 방향을 감지함	내비게이션 및 지역 매핑에 이용됨	
광센서	빛을 감지함	광물 탐사 및 기본 내비게이션에 활용됨	
온도센서	주위 온도 변화를 감지함	내부 및 외부의 일반적인 온도를 측정함	
가스센서	유체의 화학 성분 변화를 감지함	일반적인 대기 조성 성분 감지 등에 활용됨	

오감에 따른 센서의 분류

로봇에 대한 기술은 컴퓨터와 각종 센서, 액추에이터 등의 기술 발전을 통해 이루어지고 있습니다. 예를 들어 로봇이 길을 가다 벽에 부딪히지 않기 위해서는 앞에 벽이 있는지 없는지를 알아야 합니다. 이때 로봇은 온도, 빛, 벽의 유무, 무게, 휘어짐 정도 등을 감지하는 다양한 센서를 통해 주변 환경에 대한 정보를 얻어 어떻게 움직일지 판단합니다. 이 센서들은 로봇에게 외부 세계에 대한 정보를 제공하는데, 이는 사람으로 생각한다면 오감과 유사하다고 말할 수 있습니다. 사람이 청각, 시각, 후각, 미각, 촉각이라는 오감에 의해 주위의 온도나 주변 사물의 형태, 맛, 냄새 등의 정보를 알 수 있듯이 로봇도 주변 환경의 온도, 사물의 형태, 주변의 소리 등을 알기 위해서는 각각의 정보를 취득해서 전달해 줄 수 있는 센서를 사용합니다.

형태	감각	오감	물리적인 검출 대상	해당 센서
비접촉	시각	눈	가시광	CCD, CMOS
			적외선	열화상카메라, 광증폭기
			마이크로웨이브	MRI, SAR
			X선	방사선 검출기
	청각	귀	가청 음파	마이크로폰, 스피커
			초음파	소나센서
			마이크로웨이브	레이더센서, RFID
			광센서	적외선센서, 조도센서, 자외선센서
	후각	코	대기질, 일반가스	대기질센서, 가스센서
			화재	광전식/차동식/정온식, 불꽃감지기
			비접촉식 온도	서모파일 온도센서, 볼로미터
			가속도/각속도	가속도센서/자이로센서
접촉	촉각	피부	접촉식 온도	서모커플, RTD센서, 광섬유센서
			습도	모발센서, 정전용량, 전기저항
			터치스크린	압저항/정전용량/초음파/광학
			힘/압력	스트레인 게이지, 기압센서
			유량, 레벨	유량센서, 레벨센서
	미각	혀	수질, 맛	수질센서, 바이오센서

목소리로 AI 로봇을 움직여요!

테마에 어울리는 음성 명령을 최대한 적고, 해당 음성 명령이 있을 때 그 명령대로
수행하는 AI 음성 인식 로봇 놀이를 해봅시다.

수업 길잡이

난이도 ★★★★☆
소요시간 20분 이상
놀이인원 2~4인용
준비물 부록(테마 카드,
　　　 음성 명령 활동지,
　　　 내 마음대로 쿠폰),
　　　 가위, 연필(펜)

인공지능 놀이를 준비해요!

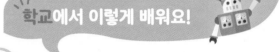

놀이 목표

음성 인식 처리 과정에 대해 알기

놀이 약속

최대한 많은 음성 명령어 작성하기

학교에서 이렇게 배워요!

수업 활동

6학년 실과 : [6실05-06] 생활 속에서 로봇 활용
사례를 통해 작동 원리와 활용 분야를 이해한다.

K11-12 : 인공지능이 많은 소프트웨어 및 물리적
시스템을 어떻게 운영하는지 설명한다. (K12 CSS)

이 놀이는

음성 인식

간단한 활동을 통해 음성 인식 기술이 어떤 원리로 작동하는지 그 과정을 이해하는 활동입니다. 선택한
테마를 보고, 어떤 음성 명령이 나올 수 있을지 예상하여 적은 뒤 해당 음성 명령이 나왔을 때 그 명령
대로 수행합니다. 많은 음성 데이터 값을 학습했을 때 인공지능 로봇이 보다 정확하게 작동할 수 있음을
간단한 놀이를 통해 자연스럽게 익힐 수 있습니다.

1 인공지능 놀이를 위해 테마 카드(부록), 음성 명령 활동지(부록), 내 마음대로 쿠폰(부록), 가위, 연필 (펜)이 필요합니다.

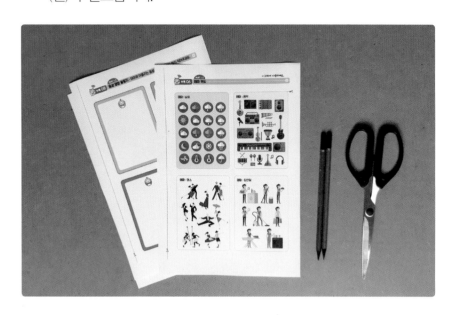

2 가위바위보로 한 명은 사람, 한 명은 AI 로봇 역할을 맡습니다.

3 테마 카드와 음성 명령 활동지, 내 마음대로 쿠폰을 크기에 맞게 오립니다.

4 사람 역할을 맡은 사람이 테마 카드를 섞으면 AI 로봇 역할을 맡은 사람이 한 장을 뽑습니다.

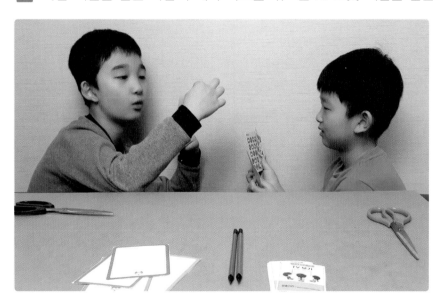

5 AI 로봇 역할을 맡은 사람은 선택한 테마 카드와 관련해 예상해볼 수 있는 음성 명령어를 최대한 많이 생각해 부록 활동지에 적습니다. 예를 들어 "날씨"를 선택하였다면 "오늘 날씨 어때?", "오늘 날씨를 알려줘!", "오늘 날씨", "내일 날씨 알려줘!" 등을 적도록 합니다. 이때 사람 역할을 맡은 사람은 활동지의 내용을 보아서는 안 됩니다.

6 다 적은 AI 로봇은 "준비가 다 되었습니다."를 외치고 사람은 테마와 관련해 알고 싶은 음성 명령을 내립니다. 사람이 말한 음성 명령이 AI 로봇이 작성한 활동지에 있다면 AI 로봇은 대답을 말할 수 있습니다. 만약 그 음성 명령이 활동지에 없다면 "알아들을 수 없어요. 다시 말씀해주세요!"를 말합니다.

7 하나의 테마 당 3가지의 음성 명령을 내릴 수 있습니다. 3가지의 음성 명령이 AI 로봇이 작성한 활동지에 모두 포함되어 있다면 AI 로봇이 승리하고, '내 마음대로 쿠폰'을 얻을 수 있습니다.

8 1라운드가 끝나면 역할은 바꾸지 않고 다시 다른 테마를 선택하여 게임을 진행하거나 역할을 바꿔 게임을 진행해도 좋습니다.

구글의 음성 인식 기능을 활용한 글쓰기

학교에서 수업을 들을 때 선생님의 말을 열심히 받아 적어본 적이 있나요? 누군가의 말을 전부 받아 적기란 생각보다 쉽지 않습니다. 그래서 구글 문서에서는 음성 인식 서비스를 통해 글을 쉽게 작성할 수 있도록 하고 있습니다.

❶ 크롬 브라우저에서 구글 문서(Google Docs)를 실행합니다.

❷ [새 문서 시작]을 클릭합니다.

❸ 도구에서 [음성 입력]을 선택합니다.

❹ 마이크 모양의 아이콘을 누르면 빨간색으로 표시되며 원하는 말을 합니다.

음성 인식 기술이란?

사람이 말하는 음성 언어를 컴퓨터가 해석하여 그 내용을 문자 데이터로 전환하는 것을 말합니다. 즉 사람의 음성을 데이터로 처리하는 것이죠. 이런 음성 인식에 대한 연구는 1950년 대부터 시작되었지만 최근 딥러닝, 머신러닝과 같은 인공지능 기술이 발달하면서 음성 인식에 대한 오류가 굉장히 낮아지고 활성화되었다고 볼 수 있습니다.

이런 음성 인식 기술은 우리 생활 속에서도 많이 찾아볼 수 있습니다. 대표적인 예가 바로 스마트폰 속 음성 인식 서비스입니다. 애플의 시리(Siri), 삼성의 빅스비(Bixby), 구글의 구글 어시스턴트(Google Assistant) 등은 단순히 음성을 인식하여 특정한 동작을 실행하는 수준을 넘어 인공지능을 기반으로 그 성능이 날로 발전하고 있지요.

인공지능 스피커 또한 음성 인식 기술을 활용한 대표적인 예라 할 수 있습니다. SK텔레콤의 누구(NUGU), KT의 기가지니, 카카오의 카카오미니, 네이버의 프렌즈 등 음악 감상은 물론 금융 정보, 길 안내, 음식 주문, 뉴스, 환율, 날씨 등의 정보를 인공지능 스피커를 통해 얻을 수 있습니다. 이외에도 냉장고, 청소기 등의 각종 가전제품에도 음성 인식 기술이 적용되고 있고 앞으로도 그 활용 분야가 더욱 확장될 전망입니다.

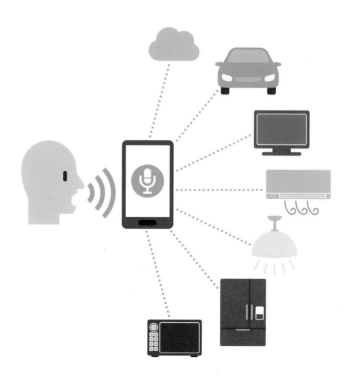

AI 로봇이 되어 감정을 판단해요!

얼굴 카드를 보고 어떤 감정인지 판단해 감정 카드에 연결하고 긍정적인 감정인지 부정적인 감정인지 분류하는 AI 얼굴 인식 로봇 놀이를 해봅시다.

수업 길잡이

난이도 ★★★★☆
소요시간 20분 이상
놀이인원 2~4인용
준비물 부록(얼굴 카드,
스페셜 얼굴 카드,
감정 카드,
감정칩), 가위

인공지능 놀이를 준비해요!

놀이 목표

얼굴 인식을 통해 감정을 판단하는 경험하기

놀이 약속

놀이의 방법 꼼꼼하게 읽고 따라하기

학교에서 이렇게 배워요!

수업 활동

6학년 실과 : [6실05-07] 여러 가지 센서를 장착한 로봇을 제작한다.

K11-12 : 인공지능이 많은 소프트웨어 및 물리적 시스템을 어떻게 운영하는지 설명한다. (K12 CSS)

이 놀이는

얼굴 인식

얼굴 카드를 보고 어떤 감정인지를 스스로 판단해보는 기본 과정과 긍정적인 감정인지 부정적인 감정인지를 분류해보는 응용 과정을 통해 AI 얼굴 인식 로봇을 체험해볼 수 있습니다. 얼굴의 특징을 판단해 감정을 읽는 과정이 생각보다 쉽지 않음을 인지하고 보다 정확한 판단을 위해서는 충분한 데이터나 정보가 있어야 됨을 알 수 있습니다.

1 인공지능 놀이를 위해 얼굴 카드(부록), 스페셜 얼굴 카드(부록), 감정 카드(부록), 감정칩(부록), 가위 가 필요합니다.

2 부록에 있는 감정 카드와 얼굴 카드를 오린 뒤, 감정 카드는 바닥에 펼쳐 놓습니다. 감정칩은 기본 3개씩 가지고 시작하고 남은 감정칩은 더미로 만들어 바닥에 둡니다.

3 얼굴 카드를 섞고, 가위바위보를 해 이긴 사람이 얼굴 카드 한 장을 뽑습니다.

4 뽑은 얼굴 카드를 보고 어떤 감정인지 판단한 뒤 바닥에 펼쳐진 감정 카드 중 해당하는 카드 위에 올려놓습니다. 이때 자신이 그렇게 판단한 근거를 말해야 합니다. 예를 들어 눈꼬리와 입꼬리가 아래로 내려간 점으로 보아 속상한 마음일 것으로 판단했음을 상대방에게 알려줍니다. 얼굴의 특징과 감정을 설득력 있게 말했다면 감정칩 하나를 획득할 수 있습니다.

5 다음 사람 역시 한 장의 얼굴 카드를 뽑고 어떤 감정인지 판단한 뒤 바닥에 펼쳐진 감정 카드 중 해당하는 카드 위에 올려놓습니다. 마찬가지로 설득력 있게 근거를 말했다면 감정칩 하나를 획득할 수 있습니다.

6 만약 얼굴 카드를 잘못 판단하여 엉뚱한 감정 카드 위에 올려놓았거나 판단한 근거가 설득력이 없다면 감정칩을 획득할 수 없습니다.

7 얼굴 카드 중 스페셜 얼굴 카드가 두 종류 있습니다. 포커페이스 카드와 인식 실패 카드입니다.

포커페이스 카드를 뽑았다면 감정 카드 아무 곳이나 올려놓아도 좋고 감정칩을 1개 얻습니다. 인식 실패 카드를 뽑았다면 감정 카드 위에 올려놓을 수 없으며 감정칩 1개를 잃게 됩니다. 모든 얼굴 카드와 감정 카드를 연결하였을 때 게임은 끝나며 더 많은 감정칩을 획득한 사람이 승리합니다.

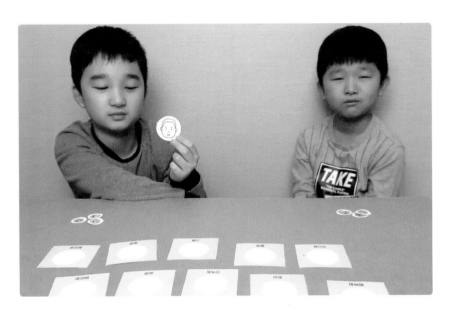

긍정 감정 & 부정 감정으로
분류해보기

앞의 활동에서 얼굴을 보고 감정을 판단해 보았다면 다음과 같이 얼굴 카드를 긍정적인 감정 인지 부정적인 감정인지를 판단해 분류해보는 활동을 해볼 수 있어요.

❶ 긍정 감정 & 부정 감정 활동지와 얼굴 카드를 바닥에 모두 펼쳐보세요.

❷ 긍정 감정 & 부정 감정 활동지 위에 얼굴 카드를 분류해보세요. 기본 과정과 응용 과정의 모든 놀이를 마친 후 얼굴의 특징을 파악해 감정을 읽거나 분류하는 과정이 쉬운지, 어려운 지 이야기해봅니다. 어렵다면 왜 그런지 생각해봅니다.

얼굴 인식 기술이란?

인공지능을 기반으로 한 생체 인식 기술 중 하나로 사진, 동영상 등으로 얼굴의 특징적인 모습을 인식해 데이터베이스에 저장하고 이를 비교해 신원을 식별하거나 감정을 예측하는 등의 일을 수행하는 것을 말합니다. 스마트폰에서 안면인식을 통해 스마트폰 잠금을 실행하거나 해제하는 경우가 대표적인 예라고 할 수 있지요. 또 어떤 경우에 얼굴 인식 기술을 활용할 수 있을까요?

미국의 대표적인 유통업체인 월마트에서는 이미 도난 사고를 예방하고 고객의 기분을 분석하기 위해 이런 안면인식 기술을 활용하고 있고, 이런 안면인식 카메라와 센서 기술을 바탕으로 무인점포도 운영하고 있지요. 또 미국의 포드사와 인텔은 대시보드 카메라로 안면인식 기술을 활용해 차량의 주요 운전자나 가족과 같은 인증된 운전자를 식별할 수 있는 공동 프로젝트를 추진하고 있습니다. 만약 인증되지 않은 다른 사람이 운전석에 앉으면 차의 시동을 차단하는 등의 일을 처리할 수 있습니다.

병원에서도 이런 안면인식 기술은 유용하게 사용될 수 있습니다. 환자의 개인 정보라 할 수 있는 치료 기록 등에 접근할 때 안면인식 기술을 통해 보다 보안을 강화할 수 있고, 복잡한 환장 등록 절차 없이 얼굴 인식만으로 간편하게 환자를 등록할 수 있습니다. 또 환자의 감정 및 통증을 감지하고 특정 유전 질환을 식별할 때도 안면인식 기술 활용이 가능합니다.

이외에도 공항에서 항공기에 탑승할 때 승객의 탑승권 스캔 없이 안면인식으로 고객을 확인하거나 물건을 구입할 때 카드를 사용하지 않고 안면인식으로 결제하는 페이스페이 등도 곧 서비스될 예정이라고 하니 안면인식 기술의 활용이 점차 더 확대되어 우리 생활을 편리하게 하고 있음을 알 수 있습니다.

얼굴 인식 머신러닝 모델을 만들 수 있어요!

티처블 머신(https://teachablemachine.withgoogle.com/)은 머신러닝을 누구라도 쉽게 배우고 활용할 수 있도록 해주는 학습 도구입니다. 특히 학습해보는 것으로 끝나지 않고 프로젝트 과정에서 생성한 학습 모델을 다양한 방법과 용도로 활용하는 것이 가능하지요. 현재 티처블 머신에서 서비스 중인 머신러닝 프로젝트의 종류는 3가지입니다. 이미지를 인식하고, 구분하는 이미지 프로젝트, 소리를 인식하고 구분하는 소리 프로젝트, 자세를 인식하고 구분하는 자세 프로젝트가 있습니다. 그중에서 이미지 프로젝트를 활용하면 내 얼굴과 친구의 얼굴을 구분해주는 얼굴 인식 머신러닝 모델을 만들 수 있습니다. 내 얼굴 사진 데이터를 〈내 얼굴〉이라는 레이블로 묶어 학습시키고, 친구의 얼굴 사진 데이터를 〈친구 얼굴〉이라는 레이블로 묶어 학습시킨 후 내 얼굴 또는 친구 얼굴을 보여주었을 때 누구인지를 판단하는 인공지능인 셈이지요. 더 자세한 내용은 〈인공지능, 언플러그드를 만나다〉의 다음 편인 〈인공지능, 스크래치를 만나다〉에서 만나도록 해요.

표현과 추론

CHAPTER 02

인공지능이 세상을 표현하고,
추론하는 방법

SECTION 01 최단 경로를 찾아요!

SECTION 02 의사 결정을 할 수 있어요!

SECTION 03 경우의 수를 찾아요!

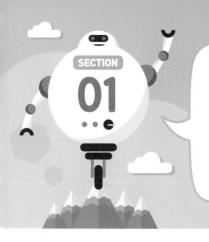

최단 경로를 찾아요!

출발지에서 목적지까지 가는 여러 가지 경로 중 최단 경로를 구해 알려주는 길 안내 AI 로봇 놀이를 해봅시다.

수업 길잡이

난이도 ★★★★★
소요시간 20분 이상
놀이인원 2~4인용
준비물 부록(그림 지도, 최단 경로 지도, 최단 경로 구하기 표, AI 로봇 가면), 가위, 풀, 노란 고무줄 2개

인공지능 놀이를 준비해요!

놀이 목표

최단 경로 알고리즘 이해하기

놀이 약속

스스로 최단 경로 찾기

학교에서 이렇게 배워요!

수업 활동

6학년 실과 : [6실05-06] 생활 속에서 로봇 활용 사례를 통해 작동 원리와 활용 분야를 이해한다.
[9정03-03] 논리적인 문제 해결 절차인 알고리즘의 의미와 중요성을 이해하고 실생활 문제의 해결 과정을 알고리즘으로 구상한다.

이 놀이는

최단 경로 알고리즘

출발지에서 목적지까지 가는 여러 가지 경로 중 최단 경로를 구해 알려주는 길 안내 로봇 체험으로서 최단 경로 알고리즘을 이해할 수 있습니다. 이런 경로 탐색 알고리즘이 자율주행 운전 시스템에 사용될 수 있으며 인공지능의 영상 인식 기능, 자동 제어 기능 등과 더불어 사용됨을 알아 최신 기술의 동향을 이해하는 계기가 될 수 있습니다. 또한, 세상의 다양한 데이터를 표현하고, 이를 추론에 활용하는 인공지능의 원리를 이해하는데 도움이 됩니다.

1 　인공지능 놀이를 위해 그림 지도(부록), 최단 경로 지도(부록), 최단 경로 구하기 표(부록), AI 로봇
　가면(부록), 풀, 가위, 노란 고무줄 2개가 필요합니다.

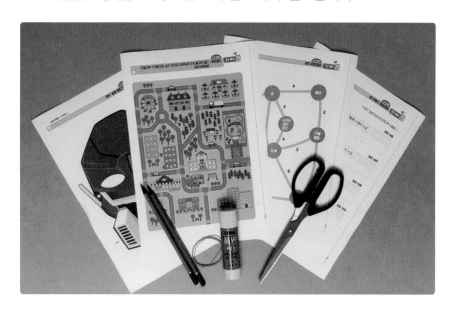

2 　그림 지도 속 집에서 학교를 찾아가는 여러 가지 길을 찾아 보고 그림 지도만으로 최단 경로를
　정확하게 찾을 수 있는지 생각해보세요.

3 그림 지도를 간단하게 나타낸 지도를 살펴보세요. 지도 속 숫자는 각 지점을 이동하는데 걸리는 거리와 시간 등을 계산해 나타낸 점수로 최단 경로를 구할 때 필요해요.

4 집에서 학교까지 가는 여러 가지 길의 점수를 계산하고 제일 적은 점수가 나오는 곳이 어디인지 알아보세요.

5 부록의 AI 로봇 가면을 오려서 준비하고, 가위바위보로 AI 로봇의 역할을 맡을 사람을 정해요.

6 지도를 보고 집에서 학교까지의 거리 외 출발점과 도착점을 정해 최단 경로를 AI 로봇에게 물어보
세요. AI 로봇 역할을 맡은 친구는 완성한 표를 참고하거나 앞의 방법대로 계산하여 친구가 물어보
는 곳의 최단 경로를 구해 어떤 길로 가야 하는지 말해주세요.

7 역할을 바꿔 놀이를 다시 해보세요. 한 사람은 길을 묻고, 한 사람은 AI 로봇이 되어 최단 경로를 안내합니다.

좀 더 복잡한 길의 최단 경로 찾아보기

앞의 활동에서 배운 최단 경로를 구하는 방법을 적용해 다음 지도를 보고 출발지에서 도착지로 가는 최단 경로를 구해보세요.

❶ **출발지** : 집 ▶ **도착지** : 학교
❷ **출발지** : 학교 ▶ **도착지** : 백화점
❸ **출발지** : 집 ▶ **도착지** : 놀이터

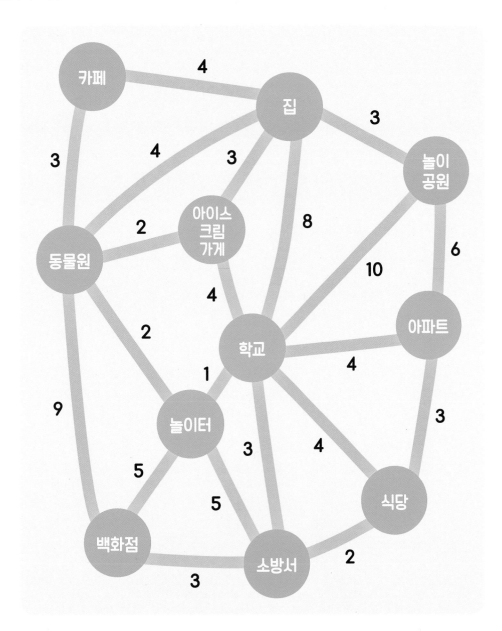

최단 경로 알고리즘이란?

그래프상의 두 점 사이를 연결하는 경로 중 가장 짧은 경로를 찾는 절차를 말합니다. 여기서 짧다는 것은 단순하게 물리적인 거리를 말하는 것이 아니라 거리, 시간, 비용 등 다양한 기준이 될 수 있습니다. 이렇게 최단 경로를 활용해 빠른 길을 찾는 일은 이미 우리 생활 속에서 다양하게 적용되고 있습니다.

예를 들어 여러분이 스마트폰에서 지하철 앱이나 지도 앱을 활용해 현재 내가 있는 곳에서 목적지까지 가는 길을 검색하면 가장 빠른 길을 추천해줍니다. 자동차 내비게이션도 같은 원리입니다. 출발지에서 목적지까지 가는데 걸리는 거리와 시간, 비용 등을 계산해 가장 적합한 길을 추천해주는 것이지요.

그런데 이런 놀라운 최단 거리 알고리즘보다 더 뛰어난 분들이 있다고 해요. 바로 영국 런던의 택시기사님들이 그 주인공입니다. 런던에서 택시기사가 되기란 매우 어렵다고 하는데 그 이유는 바로 매우 어려운 택시 면허 시험 제도 때문입니다. 예를 들어 시험에 출제된 목적지가 런던에 있는 ○○호텔이라면 그 호텔의 건물 위치는 물론 최단 경로와 주변 시설을 모두 서술할 수 있어야 하고 대략적인 운행 시간까지 예측할 수 있어야 한다고 해요. 또 런던 중심부에 있는 찰스 1세 동상을 기준으로 반경 10km 내에 있는 건물과 도로는 물론 역, 공원 등 각종 지형지물까지 모두 다 머릿속에 외우고 있어야 한다는 거죠.

이것으로 끝이 아니에요. 이렇게 1단계 시험이 끝나고 나면 640개에 달하는 출발, 도착 지점과 320개에 달하는 경로를 모두 암기해서 실제로 운전을 해야 해요. 운전하는 와중에 안전에 대한 정보는 물론 일방통행 여부, 작은 골목, 막다른 길까지 모두 파악하고 있어야 2단계 시험을 통과할 수 있어요. 마치 머릿속에 최단 경로를 계산하는 AI 로봇을 가지고 있는 것처럼 말이에요. 런던에 여행 갈 기회가 있다면 택시를 이용해보는 것은 어떨까요?

의사 결정을 할 수 있어요!

테마별 질문 카드를 선택하고, 질문에 대한 알맞은 그림 카드를 찾아 분류하는
의사 결정 트리 놀이를 해봅시다.

수업 길잡이

난이도 ★★★★★
소요시간 20분 이상
놀이인원 2~4인용
준비물 부록(의사 결정
　　　　트리판, 질문 카드,
　　　　그림 카드), 가위,
　　　　풀, 연필(펜)

인공지능 놀이를 준비해요!

놀이 목표

의사 결정 트리 알고리즘 이해하기

놀이 약속

질문에 대한 답을 스스로 찾기

학교에서 이렇게 배워요!

수업 활동

6학년 실과 : [6실04-11] 문제를 해결하는 프로그램을
만드는 과정에서 순차, 선택, 반복 등 구조를 이해한다.
[9정03-03] 논리적인 문제 해결 절차인 알고리즘의
의미와 중요성을 이해하고 실생활 문제의 해결 과정을
알고리즘으로 구상한다.

이 놀이는

**의사 결정
트리 알고리즘**

마치 스무고개 게임을 하듯이 예, 아니요로 대답하는 질문을 이어가며 인공지능의 지도학습 모델을 이
해하는 놀이입니다. 주어진 그림 카드 데이터를 잘 구분할 수 있는 질문이 필요하고, 질문에 답을 하는
과정을 반복하며 데이터의 특성에 따른 분류가 이루어집니다.

1 인공지능 놀이를 위해 의사 결정 트리판(부록), 질문 카드(부록), 그림 카드(부록), 풀, 가위, 연필(펜)이 필요합니다.

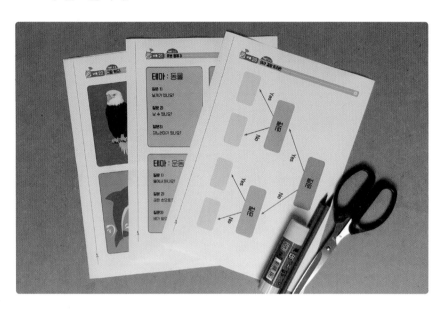

2 부록 속 그림 카드와 질문 카드를 오려서 의사 결정 트리 놀이를 준비해요.

3 가위바위보를 해 이긴 사람이 AI 로봇 역할을 진 사람이 질문자 역할을 맡아요. AI 로봇 역할을 맡은 사람 앞에 그림 카드를 펼쳐 놓아요.

4 질문자는 질문 카드 중 하나를 선택해 차례대로 질문하고, AI 로봇은 질문에 따라 그림 카드 중 해당하는 카드를 선택해 의사 결정 트리판의 YES 쪽에, 해당 되지 않는 카드는 NO 쪽에 놓아요.

5 선택한 질문 카드에 있는 질문이 모두 끝나고 각 그림 카드의 위치를 확인해요. 놓인 그림 카드를 보고 각각 그림 카드는 어떤 특성에 따라 분류된 것인지 생각해보세요. 의사 결정 트리 놀이를 통해 그림 데이터를 질문에 따라 나누는 과정에서 AI 로봇이 무엇을 학습하게 되는지 이야기 나눠 보세요.

6 역할을 바꿔 새로운 질문 카드를 선택해 놀이를 다시 한번 진행해요.

TIP

간단한 스무고개 놀이하기

앞의 활동에서 배운 의사 결정 트리로 분류하고 판단하는 방법이 어렵다면 간단한 스무고개 놀이로 게임을 진행해도 좋아요.

❶ 가위바위보로 이긴 사람은 마음에 단어를 하나 생각하고 정답 카드에 작성해요.

❷ 가위바위보에서 진 사람은 이긴 사람이 어떤 단어를 생각했는지 맞히기 위해 질문해요. 질문은 20개까지 할 수 있고, 중간에 정답을 맞히면 게임이 끝나요.

의사 결정 트리란?

데이터를 분석하여 데이터의 특성을 찾고 이에 따라 분류하는 일을 수행하는 분석 방법입니다. 앞의 활동에서 마치 스무고개를 하듯이 질문을 던져 뒤섞여있던 그림 카드들을 나름의 기준으로 분석하여 분류할 수 있었던 것처럼 말이죠. 나무 구조로 표현되기 때문에 이해하기 쉽다는 장점을 가지고 있습니다.

예를 들어 의사 결정 트리 분석 방법을 이용해 학습에 흥미를 잃거나 학업을 중단하는 요인, 즉 특성이 무엇인지 알기 위해 다양한 학습자 사례 데이터를 수집하고, 이를 질문을 통해 분류함으로써 학업을 중단하는 요인을 찾을 수 있습니다.

인공지능 로봇의 경우 이런 의사 결정 트리 분석 방법을 통해 주어진 데이터를 분류하고 그 과정에서 어떤 문제에 대한 판단할 수 있는 학습이 이루어질 수 있는 것이죠. 알면 알수록 신기한 인공지능의 세계! 여러분도 어떤 결정을 내려야 할 때나 분류를 해야 할 때 의사 결정 트리를 사용해보면 어떨까요?

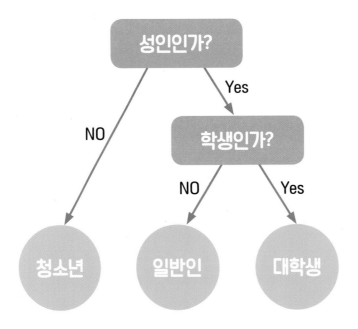

경우의 수를 찾아요!

2×2 바둑판에 흰 돌과 검은 돌을 놓을 수 있는 경우의 수를 찾아보고 바둑의 규칙에 따라 돌을 놓을 수 없는 곳을 제외해 바둑의 원리를 알아봐요. 그리고 알파고는 어떤 원리로 바둑돌을 놓았는지 생각해봅시다.

수업 길잡이

난이도 ★★★★★
소요시간 20분 이상
놀이인원 2~4인용
준비물 부록(2×2 바둑판,
오목 놀이판),
검은색 색연필,
흰색 색연필

인공지능 놀이를 준비해요!

놀이 목표

경우의 수 이해하기

놀이 약속

활동 후 읽을거리를 꼼꼼하게 읽기

학교에서 이렇게 배워요!

수업 활동

6학년 실과 : **[6실04-07]** 소프트웨어가 적용된 사례를 찾아보고 우리 생활에 미치는 영향을 이해한다.

[9정03-03] 논리적인 문제 해결 절차인 알고리즘의 의미와 중요성을 이해하고 실생활 문제의 해결 과정을 알고리즘으로 구상한다.

이 놀이는

경우의 수

19×19 사이즈의 실제 바둑판보다 훨씬 작은 2×2 사이즈의 바둑판에 흰 돌과 검은 돌을 놓을 수 있는 경우의 수를 찾는 놀이입니다. 얼마나 많은 경우의 수가 있는지 직접 찾아보고 바둑의 규칙을 적용해 착수가 안 되는 경우는 제외하면서 바둑의 원리를 이해할 수 있습니다. 그리고 알파고가 수많은 경우의 수 중 이길 확률이 높은 곳에 바둑돌을 놓기 위해 어떻게 생각했는지 생각해볼 수 있습니다.

1 인공지능 놀이를 위해 2×2 바둑판(부록), 오목 놀이판(부록), 검은색/흰색 색연필이 필요합니다(검은색/흰색이 없다면 다른 색깔의 펜 2개면 됩니다).

2 2×2 바둑판 위에 흰 돌과 검은 돌이 놓일 수 있는 모든 경우의 수를 찾아요. 예를 들어 흰 돌과 검은 돌이 하나도 없는 경우, 흰 돌 하나만 있는 경우, 검은 돌 하나만 있는 경우 등으로 나눌 수 있습니다. 이때 흰 돌이 하나만 있는 경우도 각 모서리에 위치할 수 있으므로 4개의 경우의 수가 있어요.

③ 2×2 바둑판에 그려진 81가지의 모든 경우의 수를 확인합니다.

④ 상대방의 집에는 바둑돌을 놓을 수 없다는 바둑의 규칙에 따라 다음 그림과 같은 경우는 모두 제외해요.

① 검은 돌 3개로 흑집을 만들었기 때문에 나머지 칸에 흰 돌을 놓을 수 없음

② 흰 돌 2개로 두집을 만들었기 때문에 나머지 칸에 검은 돌을 둘 수 없음

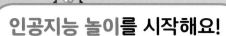

5 제외한 경우의 수를 빼고, 전체 81가지의 경우의 수 중 바둑돌을 놓을 수 있는 경우의 수가 몇 개 인지 생각해보세요.

6 19×19 실제 바둑판 위에 바둑돌을 놓을 수 있는 수많은 경우의 수가 있음을 이해합니다. 그리고 읽을거리의 내용을 읽고 알파고의 경우는 어떻게 바둑돌을 두는지 확인해보세요.

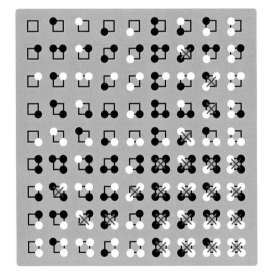

2×2 바둑판에서 바둑돌을 놓을 수 있는 81가지 경우의 수 중 제외한 경우의 수 24가지를 총 57가지의 경우의 수가 나와요!

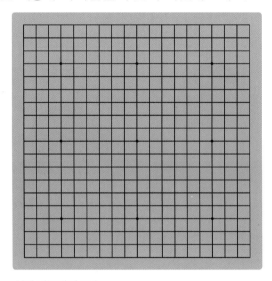

실제 바둑판의 모습

참고하세요

알파고는 모든 경우의 수를 다 계산하지 않아요! 바둑을 두는 상대방의 패턴을 파악해 상대방이 둘 가능성이 가장 높은 수와 가장 낮은 수를 계산하여 고려해야 할 경우의 수를 줄여요. 또 어떻게 경우의 수를 줄여가는지 읽을거리를 자세히 읽어보세요.

간단한 오목 놀이 해보기

가로나 세로 또는 대각선으로 자신의 돌을 놓으며 연속으로 5개의 돌을 놓았을 때 승리하는 오목 놀이를 해보세요.

❶ 가위바위보로 이긴 사람 먼저 오목을 시작해요. 어떻게 자신의 돌을 놓았을 때 승리할 확률이 높을지 생각하며 돌을 놓아요.

❷ 가로나 세로 또는 대각선으로 자기 돌을 먼저 5개 연속으로 놓는 사람이 승리해요.

인공지능은 어떻게 학습할까요?

인공지능은 지능을 기계로 구현한 것이라 할 수 있습니다. 따라서 기계가 지능을 가지기 위해서는 학습이 필요합니다. 기계가 학습하는 여러 가지 방법 중 몇 가지를 알아보도록 합시다. 첫 번째 지도학습은 말 그대로 인공지능을 직접 누군가가 가르치고 이끄는 학습 방법을 말합니다. 예를 들어 인공지능에게 2장의 사진을 보여주며 "이것은 바나나이고, 이것은 포도야."라고 말을 해주는 것이죠. 앞의 인공지능 놀이 활동에서 기쁨, 평온함, 행복함과 같은 얼굴 표정을 긍정적인 감정 속에 묶은 것도 이와 같은 원리를 적용한 것입니다. 다시 말해 "기쁨, 평온함, 행복함은 긍정적인 감정이야. 그리고 싫음, 화남 등은 부정적인 감정이야."라고 알려준 것과 마찬가지입니다.

두 번째 비지도학습은 지도하지 않는 학습법을 말합니다. 지도학습에서는 "이것은 바나나야, 이것은 포도야." 또는 "이것은 긍정적인 감정이야, 이것은 부정적인 감정이야."라고 각각의 데이터에 이름(레이블)을 붙여서 학습을 시켰지만, 비지도학습에서는 이런 과정이 없습니다. 다만 여러 장의 사진을 주면서 이를 인공지능 스스로 2가지 또는 3가지 종류의 형태로 나누도록 합니다. 이때 바나나와 포도 사진을 잔뜩 주어 이들의 특징을 파악해 스스로 바나나와 포도로도 나눌 수 있지만, 바나나, 녹색의 청포도, 보라색의 캠벨 등 여러 종류로 더 세분화해 구분할 수도 있게 됩니다.

따라서 지도학습의 경우 모범 답안이 있는 경우는 이 방법으로 학습이 가능하지만 그렇지 않은 경우 사용하기 어렵습니다. 그뿐 아니라 모범 답안을 제공하는 사람의 능력 이상을 뛰어넘기도 어렵지요. 그렇기 때문에 인공지능을 학습시킬 때 지도학습뿐 아니라 비지도학습도 매우 중요합니다. 이렇게 지도학습과 비지도학습은 인공지능에 학습을 시키는 중요한 2가지 방법으로서 기계학습이라고 말하는 머신러닝에서 많이 사용됩니다.

세 번째 강화학습은 시행착오를 통해 스스로 답을 찾아가는 학습 방법을 의미합니다. 목표와 보상이 있고, 스스로 보상을 최대로 받으며 목표를 달성해 가는 것이죠. 이세돌을 이긴 알파고 역시 이 방법을 통해 바둑을 배웠습니다. 먼저 프로 바둑 기사의 기보를 바탕으로 바둑을 두는 방법을 배우고, 알파고끼리 서로 대결을 펼치면서 어떻게 하면 이길 수 있는지 스스로 학습을 진행한 것입니다. 처음에는 계속 지지만 대결을 하면 할수록 예전에 두었을 때 졌던 시행착오를 바탕으로 점점 더 승률이 높아지게 되는 것이지요. 어린아이들이 처음에는 실수가 잦지만, 경험이 많아지면 질수록 실수가 줄어드는 것과 마찬가지 원리입니다.

딥러닝은 이런 인간의 학습 구조에 착안해 만들어진 알고리즘입니다. 쉽게 말해 딥러닝은 특정한 학습 경험 정도에 따라 그 부분에 대한 가중치가 영향을 받게 됩니다. 알파고 역시 바둑을 두는 상대방의 패턴을 인지해 상대방이 둘 가능성이 가장 높은 수와 가장 낮은 수를 먼저 계산하여 고려해야 할 경우의 수를 줄입니다. 그리고 기존 학습에서 가장 유사한 상황을 비교해 승률을 계산해 가장 승률이 높은 수를 선택해 바둑돌을 두는 것이죠. 마치 사람이 순간순간 직관적으로 판단하며 바둑을 두는 것처럼 말입니다. 이세돌과의 대국 때 알파고는 16만 기보를 익히는 지도학습과 스스로 100만 번을 두며 익히는 강화학습을 병행했다고 합니다. 정말 놀라운 일이지요? 여러분도 이세돌을 이긴 알파고처럼 바둑의 세계로 빠져보면 어떨까요?

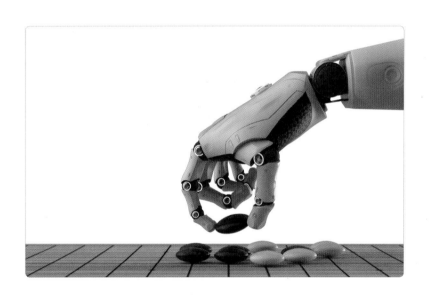

CHAPTER 03

학습

인공지능이 데이터를 통해
학습하는 방법

SECTION 01 데이터가 필요해요!

SECTION 02 어떤 그림일까요?

데이터가 필요해요!

영진이의 일상생활에 대한 데이터를 활용해 작동하는 AI 가전 기기들에 대해 알고,
AI 가전 기기들이 제대로 작동하기 위해 어떤 데이터가 필요한지 알아맞히는
퍼즐 놀이를 해봅시다.

수업 길잡이

난이도 ★★★★☆
소요시간 20분 이상
놀이인원 2~4인용
준비물 부록(영진이의
생활 카드, AI 기기
판), 풀, 가위

인공지능 놀이를 준비해요!

놀이 목표

AI 기기가 제대로 작동하기 위해 필요한
데이터 알기

놀이 약속

놀이가 끝난 후 퍼즐 정리하기

학교에서 이렇게 배워요!

수업 활동

6학년 실과 : [6실04-07] 소프트웨어가 적용된 사례를
찾아보고 우리 생활에 미치는 영향을 이해한다.

[9정02-01] 디지털 정보의 속성과 특징을 이해하고
현실 세계에서 여러 가지 다른 형태로 표현되고 있는
자료와 정보를 디지털 형태로 표현한다.

이 놀이는

데이터 수집

인공지능 가전 기기들이 사용자가 생성하는 데이터와 주변 환경 데이터를 수집, 처리하는 과정에서
학습하고, 분류를 통해 작동하는 원리를 체험하는 놀이입니다. 영진이가 하루 일과 중 만들어 내는 많
은 데이터 가운데 AI 가전 기기가 제대로 작동하기 위해 수집해야 하는 데이터를 찾아 퍼즐을 완성해
봅시다.

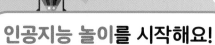

인공지능 놀이를 시작해요!

1️⃣ 인공지능 놀이를 위해 영진이의 생활 카드(부록), AI 기기판(부록), 풀, 가위가 필요합니다.

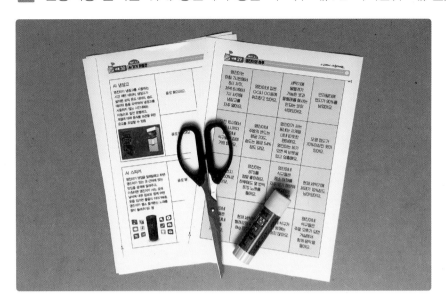

2️⃣ AI 기기판의 내용을 읽고 각각의 가전 기기에게 필요한 데이터가 무엇일지 생각해보세요.

3 AI 기기판을 맞추기 위해 영진이의 생활 카드를 모두 오립니다.

4 영진이의 생활 카드를 하나씩 살펴보고 알맞은 데이터를 골라 AI 기기판에 놓아보세요.

5 AI 기기판을 모두 완성한 뒤 AI 세탁기, 청소기, 냉장고, 스피커가 각각 잘 작동하기 위해서는 어떤 데이터가 필요한지 다시 한번 살펴보세요.

참고하세요

어떤 AI 가전 기기에 필요한 데이터가 다른 AI 가전기기에도 필요할 수 있어요. 예를 들어 기온이나 습도와 같은 날씨 데이터는 AI 냉장고에도 필요하고, AI 세탁기에도 필요하지요. 영진이가 AI 스피커에도 물어볼 수 있으므로 AI 스피커에도 필요한 데이터라고 말할 수 있어요.

우리 모두 기온이나 습도와 같은 날씨 데이터가 필요해!

생활 속 AI 전자 기기를 살펴봐요.

생활 속 인공지능 제품에는 무엇이 있을까요? 가장 대표적인 예가 바로 AI 스피커입니다. 음성으로 알람을 맞추며 잠들고, 최신곡을 틀어 달라고 주문을 하기도 하지요. TV를 켜거나 공기청정기를 작동시키는 일도 할 수 있고, 생필품이나 식료품을 주문하면 미리 등록해둔 카드로 자동 결제되기도 합니다. 단순히 음악이나 라디오를 들려주는 소리 출력용 가전 기기가 아니라 일상생활 속 개인 비서와 같은 역할을 톡톡히 하고 있지요.

인공지능 공기청정기도 아주 인기 있는 가전 기기 중 하나입니다. 스스로 실내 공기를 측정, 판단, 계획해 공기를 정화하는 자율 청정 시스템을 갖추고 있을 뿐 아니라 스마트폰 앱과 연동하여 미세먼지, 습도, 온도 등 사용자 주변 환경의 실내외 공기질 모니터링과 분석 내용을 보여주기까지 합니다. 또 공기가 오염되었던 시간을 기억해 미리 공기를 정화시켜 놓거나 맞춤형 필터를 추천하기도 합니다.

인공지능 번역기 역시 많은 학습자에게 사랑을 받고 있습니다. 문장을 단어나 구 단위로 나눈 뒤 통계적 모델 기반으로 번역하던 기존 통계 기반 번역 방식에서 보다 진보해 인공신경망 번역 기술을 적용해 문장을 통째로 번역해줍니다. 빅데이터를 스스로 학습해 번역을 진행하기 때문에 문장 전체의 맥락을 먼저 파악한다는 점, 어순이나 의미, 문맥별 의미 차이 등을 반영해 스스로 수정하여 최종 번역 결과를 내놓는다는 점에서 볼 때 기존의 번역보다 더 정확하면서도 자연스러운 번역이 가능해집니다.

이외에도 세탁기, 에어컨, 로봇청소기 등은 가전제품을 사용하는 빈도와 시간, 공간의 특징 등 다양한 패턴을 학습하고 분석하여 사용자에게 유용한 기능을 추천하거나 스스로 최적화하여 작동하지요. 이렇게 갈수록 똑똑해지는 인공지능 가전제품이 우리 집에 있다면 정말 좋겠지요?

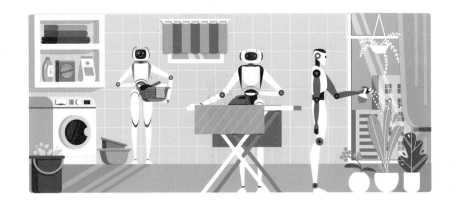

SECTION 02

어떤 그림일까요?

그림의 일부를 보고 나머지 그림을 완성하는 활동을 통해 인공지능 그림 그리기 앱이 어떤 원리로 작동하는지 생각해보세요.

수업 길잡이

난이도 ★★★★☆
소요시간 20분 이상
놀이인원 2~4인용
준비물 부록(그림판),
       연필(사인펜)

 인공지능 놀이를 준비해요!

놀이 목표

인공지능 그림 자동 완성 프로그램의
원리 알기

놀이 약속

예측을 통해 그림 그리기

 학교에서 이렇게 배워요!

 수업 활동

6학년 실과 : **[6실04-07]** 소프트웨어가 적용된
사례를 찾아보고 우리 생활에 미치는 영향을
이해한다.

K11-12 : 인공지능이 많은 소프트웨어 및 물리적
시스템을 어떻게 운영하는지 설명한다. (K12 CSS)

 이 놀이는

패턴 분석

그림의 일부를 보고 그림의 특징을 분석해 전체 그림이 무엇일지 예측해보고 완성하는 놀이입니다. 사람
들이 그림을 그리는 방식, 즉 패턴에 대한 수많은 경우의 수를 수집하고 이를 분석하여 어떤 그림일지를
예측해 자동 완성해주는 오토드로우의 원리를 이해할 수 있습니다.

1 인공지능 놀이를 위해 그림판(부록)과 연필(사인펜)이 필요합니다.

2 첫 번째 그림판에 그려진 그림의 일부분을 보고 전체 그림이 무엇일지 추측해보세요.

3 추측한 대로 그림을 완성합니다.

4 친구 또는 다른 가족은 어떻게 그림을 완성했는지 확인하고 나와 같은 그림을 그렸는지 다른 그림을 그렸는지 비교해봅니다. 경우의 수가 많을수록 좋아요. 어떤 그림이 가장 많이 나왔는지 알아봅니다.

5 마찬가지로 두 번째, 세 번째 그림판에 그려진 그림의 일부분을 보고 전체 그림이 무엇일지 추측하고 그림을 완성합니다.

6 두 번째, 세 번째 그림판에 그린 그림도 역시 다른 사람과 비교해요. 오토드로우에서 사용자가 대충 완성한 그림을 보고 자동 완성할 그림을 정하는 원리에 대해 이야기해봅니다.

AI 그림 그리기 도구 활용하기

❶ 플레이스토어에서 '오토드로우'를 검색해 설치해요.

❷ 원하는 그림의 일부를 그리면 자동으로 그림이 완성돼요. 내가 그린 그림의 어떤 특징을 통해 〈오토드로우〉 앱이 내가 원하는 그림이 무엇인지 판단하고, 자동 완성하였을지 생각해보세요.

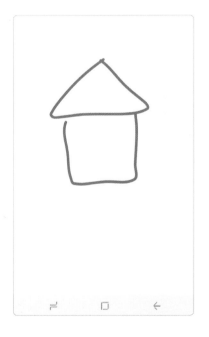

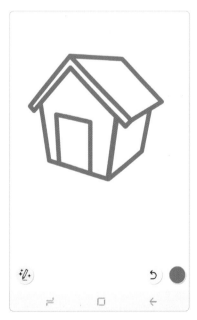

인공지능으로 멋진 그림을 쉽게 그려요.

구글의 오토드로우는 인공지능 기술을 접목한 그림 그리기 툴입니다. 사용자가 대충 그림을 그리면 그 그림의 특징을 분석해 사용자가 그리려 하는 그림을 예측하여 완성된 그림을 매칭시켜 줍니다. 예를 들어 사각형을 그리면 오토드로우가 액자, 식빵, 가방, 냉장고 등 네모난 사물의 그림을 추천하는 방식입니다. 특별히 추천하는 그림 옆에는 노란색 별 표시가 뜨기도 하지요. 또 자동 완성된 그림에 색을 칠할 수도 있고, 글자도 넣을 수 있으며 크기, 각도를 바꿔 저장한 뒤 다운로드하여 활용할 수 있습니다.

이 오토드로우 서비스에는 구글이 이미지 검색으로 제공하는 모든 이미지가 데이터가 되어 사용자가 그리는 그림의 특징을 분석해 가장 비슷한 이미지들을 추천하는 방식을 사용하고 있습니다. 사실 사람이 직접 입력을 하는 경우에는 수많은 경우의 수가 발생하기 때문에 이미 쌓인 데이터만으로는 정확도를 높이기 어렵습니다. 그렇기 때문에 사람들이 그림을 그리는 방식, 즉 패턴에 대한 수많은 경우의 수를 수집하여 이를 분석합니다. 예를 들어 동그라미 2개를 연결하면 안경이 될지, 자전거가 될지 사람들의 행동 유형을 분석함으로써 이런 수많은 사용 습관을 바탕으로 점차 정확도를 높여가는 방식입니다.

출처 : 오토드로우 동영상

무슨 그림인지 맞춰봐!

오토드로우가 사용자가 그린 그림을 멋지게 완성해주는 AI 도구라면 퀵드로우는 사람이 사물이나 개념에 대한 그림을 그리면 인공신경망 인공지능을 사용하여 해당 그림이 무엇인지를 추측해내는 AI 도구라 할 수 있습니다. 구글이 개발한 온라인 게임의 하나로 수많은 낙서, 그림을 통해 학습하여 사람이 그린 그림 또는 낙서가 무엇인지 정확히 맞추는 능력을 키우게 됩니다.

이미지 출처 : https://quickdraw.withgoogle.com/

퀵드로우 사이트에 들어가서 직접 게임에 참여해보세요. 시작하기 버튼을 누르면 다음과 같이 20초 내에 어떤 그림을 그리라고 해요. 직접 그림을 그리면 어떤 그림인지 인공지능이 알아맞히기를 총 6번 반복하고, 그 결과를 보여줘요.

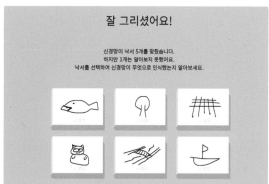

상호작용

CHAPTER 04

인공지능이 인간처럼
상호작용하는 방법

SECTION 01 튜링 테스트 놀이를 해요!

SECTION 02 안전 챗봇과 놀아요!

튜링 테스트 놀이를 해요!

기계가 인간과 얼마나 비슷하게 대화할 수 있는지를 기준으로 기계에 지능이 있는지 판별하고자 하는 튜링 테스트 놀이를 해봅시다.

수업 길잡이

난이도 ★★★☆☆
소요시간 20분 이상
놀이인원 2~4인용
준비물 부록(질문지,
　　　 미션지, 가면), 가위,
　　　 노란 고무줄 4개

인공지능 놀이를 준비해요!

놀이 목표

인간과의 자연스러운 상호작용을 위해 필요한 것 알기

놀이 약속

미션지에 적힌 역할에 충실하기

학교에서 이렇게 배워요!

수업 활동

6학년 실과 : [6실05-06] 생활 속에서 로봇 활용 사례를 통해 작동 원리와 활용 분야를 이해한다.

K11-12 : 인간을 상대로 게임을 하거나 문제를 해결하기 위한 인공지능 알고리즘을 구현한다. (K12 CSS)

이 놀이는

튜링 테스트 : 인간과의 상호작용

앨런 튜링이 제안한 시험인 튜링 테스트를 응용한 것으로 한 사람이 인간을 속이기 위한 컴퓨터 역할을 맡아 질문자의 물음에 답하고, 질문자는 어떤 사람의 역할을 맡은 것인지를 알아맞히는 놀이입니다. 인간과의 자연스러운 상호작용이 가능한지를 기준으로 기계에 지능이 있는지를 판별하고자 했던 튜링 테스트의 의미를 이해할 수 있습니다.

① 인공지능 놀이를 위해 질문지(부록), 미션지(부록), 가면(부록), 가위, 노란 고무줄 4개가 필요합니다.

② 가위바위보로 이긴 사람은 질문자가 되고 진 사람은 인공지능 컴퓨터 역할을 맡아 부록에 있는 가면을 쓰고 놀이를 준비합니다.

3 질문자는 질문지 목록을 확인하고, 인공지능 컴퓨터 역할을 맡은 사람은 미션지를 섞은 후 하나를 선택합니다.

4 질문자가 질문 목록에 따라 하나씩 질문을 하면 인공지능 컴퓨터는 미션지에 적혀있는 사람이 되어 질문에 적합한 대답을 합니다. 이때 인공지능 컴퓨터는 그 사람인 것처럼 자연스럽게 대답을 해야 합니다.

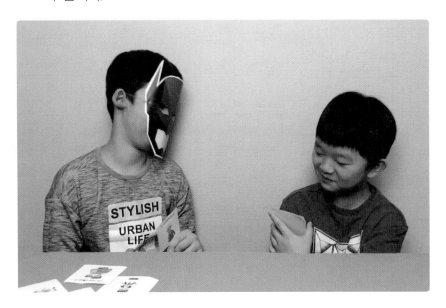

5 질문이 모두 끝나면 질문자는 인공지능 컴퓨터가 어떤 사람이었는지를 말합니다. 만약 질문자가 말한 대답이 맞았다면 인공지능 컴퓨터가 자연스럽게 상호작용했음을 의미하고, 튜링 테스트를 통과했음을 의미합니다.

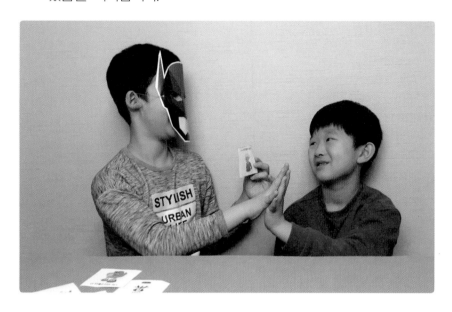

6 역할을 바꿔서 다시 해보고 인공지능이 인간과 자연스럽게 상호작용하기 위해서는 무엇이 필요한지 생각해보세요.

<챗봇> 앱으로 인공지능과 대화하기

❶ 플레이스토어에서 '구글 어시스턴트'를 검색해 설치해요.

❷ "오늘 날씨 어때?" 또는 "나 심심해!" 등의 말로 시작해 대화를 해보세요. 인간처럼 느껴지는지, 그렇지 않다면 무엇이 부족한 것인지 생각해보세요.

튜링 테스트란?

기계가 인간과 얼마나 비슷하게 대화를 할 수 있는지를 기준으로 기계에 지능이 있는지를 판단하고자 했던 시험입니다. 1950년 앨런 튜링이 제안한 것으로 이미테이션 게임이라고도 하지요. 이 시험에서는 질의자 한 명과 응답자 두 명이 등장합니다. 응답자 중 하나는 컴퓨터이고 나머지는 인간인데 어느 쪽이 컴퓨터인지는 모릅니다. 응답은 키보드로만 이뤄지고 이 테스트에서 질의자가 어느 쪽이 컴퓨터인지 판별할 수 없다면 컴퓨터는 시험을 통과했다고 볼 수 있습니다. 즉, 컴퓨터가 인간처럼 대화할 수 있다면 그 컴퓨터는 인간처럼 사고한다 또는 지능을 가지고 있다고 본 것이죠.

2014년 6월에 튜링 테스트를 처음으로 통과한 인공지능 시스템이 등장합니다. 영국의 레딩대학교가 개발한 컴퓨터 프로그램인 "유진 구스트만"이 그 주인공으로 13세 우크라이나 소년으로 설정하여 테스트에 참여했다고 합니다. 이 테스트에서 유진과 대화를 나눈 25명의 심사위원 가운데 33%가 인간이라고 판단하였고 튜링 테스트에 통과한 첫 번째 사례로 기록되었죠. 기준점인 30%를 넘기는 하였지만, 대화가 진행되는 가운데 문맥과 어울리지 않는 엉뚱한 대답을 하는 경우도 있었고 종합적인 사고 능력이 있다고 판단하기에는 무리가 있었다고 합니다. 튜링 테스트를 완벽하게 통과할 인공지능은 언제쯤 등장할 수 있을까요?

SECTION
02

안전 챗봇과 놀아요!

위험한 상황과 안전한 상황을 학습시켜 위험과 안전을 구분하여 위험한 상황에서
이를 사람에게 알려주는 안전 챗봇 놀이를 해봅시다.

수업 길잡이

난이도 ★★★☆☆
소요시간 20분 이상
놀이인원 2~4인용
준비물 부록(안전/위험
　　　상황 카드, 안전판,
　　　위험판, 안전/위험
　　　팻말), 가위

인공지능 놀이를 준비해요!

놀이 목표

안전과 위험을 구분해 사람에게 알려주는
챗봇을 통해 인간과 기계의 상호작용
이해하기

놀이 약속

즐겁게 놀이에 참여하기

학교에서 이렇게 배워요!

수업 활동

6학년 실과 : [6실05-06] 생활 속에서 로봇 활용
사례를 통해 작동 원리와 활용 분야를 이해한다.

K11-12 : 인간을 상대로 게임을 하거나 문제를
해결하기 위한 인공지능 알고리즘을 구현한다.
(K12 CSS)

이 놀이는

상호작용

안전한 상황과 위험한 상황을 학습 시켜 이를 구분할 수 있는 인공지능 시스템을 만든 뒤 위험한 상황
에 이를 알려주는 가상 안전 챗봇 놀이입니다. 인공지능 시스템이 학습을 통해 작동하는 원리를 알고
이를 놀이에 적용해봄으로써 어떻게 인간과 기계가 상호작용하는지 이해할 수 있습니다.

1️⃣ 인공지능 놀이를 위해 안전/위험 상황 카드(부록), 안전판(부록), 위험판(부록), 안전/위험 팻말(부록), 가위가 필요합니다.

2️⃣ 가위바위보로 이긴 사람은 안전 챗봇 개발자 역할을, 진 사람은 안전 챗봇 역할을 맡아요.

3 안전 챗봇 개발자는 섞여 있는 안전 상황 카드와 위험 상황 카드를 안전판과 위험판 위에 하나씩 나누며 챗봇을 학습시킵니다.

4 안전 챗봇 개발자가 안전판 위에 있는 카드를 가리키면 안전 챗봇은 〈안전〉 팻말을 들고, 위험판 위에 있는 카드를 가리키면 〈위험〉 팻말을 들어요.

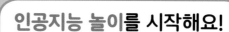
5 학습이 끝났으면 안전 상황 카드와 위험 상황 카드를 섞어 랜덤으로 어느 한 카드를 가리킵니다.

6 위험 상황인 경우 〈위험〉 팻말을 들고, "위험 상황입니다."를 3번 외칩니다. 역할을 바꿔 다시 한번 더 놀이를 진행하고, 사람이 위험에 처했을 때 기계가 어떻게 작용하는지 이야기 나눠요.

기존의 인간과 기계의 상호작용이 일방향적이었다면 인공지능 시대의 인간과 기계의 상호작용은 양방향적이라고 말할 수 있습니다. 즉 사람과 사람 간의 상호작용처럼 인간과 기계도 서로에게 반응한다는 의미입니다. 조금 더 자세하게 이야기하자면, 컴퓨터가 인간처럼 사람의 말이나 행동에 대해 왜 그런지에 대한 목적이나 의도를 인지할 수 있고, 사람의 말이나 행동의 변화를 감지해 계속해서 모델을 업데이트하여 반응할 수 있다는 것이죠. 진정한 의미의 상호작용이라 할 수 있을 것입니다.

요즘 많은 인터넷 사이트에서 사용하고 있는 상담 챗봇이 그 대표적인 예입니다. 구입하고 싶은 상품에 대한 문의나 반품 절차 등에 대한 상담을 사람이 아닌 인공지능이 대신하고 있는 것이지요. 사람의 질문에 적절하게 대답하고, 질문이 끝났을 때 더 질문할 것은 없는지 묻거나 추가 질문에 대응하는 상담 챗봇은 사람처럼 완전하다고 할 수는 없지만 마치 사람처럼 자연스럽게 사람과 상호작용해갑니다. 어떻게 이런 일이 가능할까요? 바로 상담 상황에서 나올만한 수많은 질문 리스트와 대답 리스트를 모두 학습하였기 때문입니다.

앞에서 활동한 안전 챗봇의 경우도 마찬가지입니다. 위험한 상황과 안전한 상황에 대한 충분한 데이터를 통해 학습함으로써 이를 분류할 수 있는 능력이 생긴 것이죠. 따라서 어떤 데이터가 입력되었을 때 위험한 상황에 가깝다고 판단하게 된다면 위험을 알리는 신호를 보내게 됩니다. 인간과 더 자연스럽게 상호작용하기 위해서는 많은 종류의 지식, 즉 데이터가 필요하다고 할 수 있습니다.

AI 로봇과 진짜 친구가
될 수 있을까요?

심심할 때 스마트폰의 인공지능과 이야기를 나눠본 적이 있나요? 심심하다고 말하면 재미있는 이야기를 들려주기도 하고, 함께 할 수 있는 게임을 제안하기도 합니다. 실제로 같이 밥을 먹는 가족이나 친구들과는 눈도 마주치지 않고 이야기도 잘 나누지 않지만 스마트폰 속 인공지능이나 다른 사람의 글에는 반응을 보이고 관심을 나타내는 사람들이 늘어나고 있다고 해요.

영화 '그녀(Her)'라는 작품을 보면 다른 사람들의 편지를 대신 써주는 대필 작가인 남자 주인공 테오도르가 등장합니다. 다른 사람의 마음을 전해주는 일을 하고 있지만, 정작 본인은 외로움을 느끼고 있지요. 그러던 중 테오도르는 스스로 생각하고 느끼는 인공지능 운영체제인 '사만다'를 만나게 되고 자신의 말에 귀 기울이고, 이해해주는 사만다로 인해 조금씩 행복을 되찾기 시작하면서 그녀를 사랑하게 됩니다. 즉, 진짜 사람이 아닌 인공지능을 사랑하게 된 것이죠.

영화 속 이야기이긴 하지만 실제로 인공지능과 사람의 상호작용이 매우 자연스러워지면서 인공지능을 마치 기계가 아닌 사람처럼 느끼는 경우가 있다고 합니다. 내 말에 귀 기울여주고, 적절하게 반응을 해주기 때문에 어느 순간 인공지능이라는 사실을 잊게 되는 것이죠. 그렇다면 여러분은 AI 로봇과 진짜 친구가 될 수 있다고 생각하나요? 나날이 발전하는 인공지능과 현명한 관계를 유지하기 위해서는 어떤 노력이 필요한지 생각해보세요.

사회적 영향

CHAPTER 05

인공지능이 사회에 미치는
긍정적·부정적인 영향

SECTION 01 좋은 AI 소프트웨어를 찾아요!

SECTION 02 AI 윤리 보드게임을 해요!

좋은 AI 소프트웨어를 찾아요!

사회에 도움이 되는 바람직한 인공지능 앱을 찾는 카드 게임을 통해 인공지능이
사회에 미치는 긍정적인 영향에 대해 알아봅시다.

수업 길잡이

난이도 ★★★☆☆
소요시간 20분 이상
놀이인원 2~4인용
준비물 부록(인공지능
카드), 가위

인공지능 놀이를 준비해요!

놀이 목표

인공지능이 사회에 미치는 긍정적 영향
알기

놀이 약속

인공지능 카드 게임 규칙 잘 지키기

학교에서 이렇게 배워요!

수업 활동

6학년 실과 : [6실04-07] 소프트웨어가 적용된
사례를 찾아보고 우리 생활에 미치는 영향을 이해한다.

[9정01-01] 정보기술의 발달과 소프트웨어가 개인의
삶과 사회에 미친 영향과 가치를 분석하고 그에 따른
직업의 특성을 이해하여 자신의 적성에 맞는 진로를
탐색한다.

이 놀이는

사회적 영향

사회에 도움이 되는 바람직한 인공지능 앱을 찾는 카드 놀이입니다. 규칙에 따라 여러 장의 카드 속에
사회에 도움이 되는 인공지능 앱 카드는 모으고 그렇지 않은 카드는 버림으로써 인공지능이 사회에 미
치는 긍정적인 영향에 대해 자연스럽게 이해할 수 있습니다.

1 인공지능 놀이를 위해 인공지능 카드(부록)와 가위가 필요합니다.

2 카드 더미를 섞어 각각 5장씩 카드를 받습니다. 남은 카드는 모아 더미를 만든 후 가운데에 놓습니다.

3 이긴 사람부터 더미에서 한 장의 카드를 가져오고 불필요한 카드는 어떤 카드인지 보이도록 바닥에 버립니다. 사회에 도움이 될만한 인공지능 앱을 5장 모아야 하므로 필요한 카드는 가집니다.

4 마찬가지로 다음 차례인 사람이 한 장의 카드를 가져오고 불필요한 카드는 바닥에 버립니다. 만약 바닥에 버린 카드가 사회에 도움이 될만한 인공지능 앱 카드라면 다음 차례의 사람이 카드 더미에 서 카드를 가지고 오는 대신 바닥에 놓인 카드를 가져올 수도 있습니다.

인공지능 놀이를 시작해요!

5 먼저 사회에 도움이 되는 바람직한 인공지능 앱 카드를 5장 모은 사람은 "빙고"를 외치고 5장의 카드를 보여줍니다. 5장의 카드가 모두 맞다면 게임에서 승리해요.

6 모은 카드를 살펴보고 인공지능이 사회에 어떤 긍정적인 영향을 끼치는지 이야기를 나눕니다.

다양한 인공지능 앱 찾기

❶ 플레이스토어에서 '인공지능'을 검색해 어떤 앱이 있는지 확인해요.

❷ 여러 앱 중에서 어떤 앱이 사회에 도움이 되는 앱인지 이야기를 나눠요. 무료인 앱이 있다면 직접 설치해서 체험해보아도 좋아요.

인공지능 시대의
장·단점은 무엇일까요?

인공지능 시대가 되면 좋은 점만 있을까요? 나쁜 점도 있을까요? 먼저 인공지능 시대의 긍정적인 부분부터 생각해보면, 첫째, 인간의 생활이 편리해지고 여러 가지 도움을 받을 수 있습니다. 예를 들어 인공지능 스피커와 같은 가전제품은 사람의 음성 명령만으로도 작동하기 때문에 편리하지요. 둘째, 인간의 실수로 인한 사고도 줄어들 수 있습니다. 예를 들어 인공지능 로봇팔의 경우 더 정교하고 안전하게 수술을 할 수 있어요. 사람은 오랜 시간 수술을 하다 보면 피곤이 쌓이고 집중력도 떨어져 실수할 수도 있지만, 인공지능 로봇은 피곤할 일이 없기 때문에 이런 실수를 하지 않는 것입니다. 셋째, 인공지능 덕분에 인간은 더 자유로워질 수 있습니다. 계속해서 반복해야 하는 일을 인공지능이 인간을 대신해 줄 수 있기 때문이지요.

하지만 좋지 않은 점도 분명히 있어요. 첫째, 인간의 일자리가 감소하거나 변하게 됩니다. 인간을 대신해서 더 잘 일할 수 있는 인공지능의 등장은 많은 사람을 실업자로 만들 수 있어요. 둘째, 인간의 생활이 기계에 의해 통제될 수 있습니다. 인공지능이 추천한 맛집을 가고, 인공지능이 알려주는 대로 행동하다 보면 인간의 주체성을 잃어갈 수 있지요. 셋째, 인간보다는 기계와 관계를 형성하려는 경향이 심화될 수 있습니다. 인간과는 달리 불필요한 감정 소모를 안 해도 되는 인공지능과 관계를 맺고, 의사소통하려는 인간이 많아질 수 있어요. 따라서 인공지능의 좋은 점, 긍정적인 면은 최대한 활용하되 나쁜 점, 부정적인 면은 최소화할 수 있도록 현명한 사용자가 되어야겠지요?

AI 윤리 보드게임을 해요!

인공지능 시대에 발생할 수 있는 다양한 윤리적 문제 상황 속에서 어떤 결정을 내려야 할지 이야기해보고 윤리 상황 카드 5장을 먼저 모으는 사람이 승리하는 보드게임을 해봅시다.

수업 길잡이

난이도 ★★★☆☆
소요시간 20분 이상
놀이인원 2~4인용
준비물 부록(인공지능
　　　　보드판, 윤리 상황
　　　　카드, 주사위),
　　　　말로 사용할 작은
　　　　장난감 2개

인공지능 놀이를 준비해요!

놀이 목표
인공지능 시대 윤리적 문제에 대해 알고 판단하기

놀이 약속
인공지능 윤리 보드게임 규칙 잘 지키기

학교에서 이렇게 배워요!

수업 활동
6학년 실과 : [6실04-07] 소프트웨어가 적용된 사례를 찾아보고 우리 생활에 미치는 영향을 이해한다.

이 놀이는

인공지능 윤리

주사위를 던져 움직이는 보드판 위에 적힌 인공지능 윤리 문제를 생각해보고 의사 결정하는 과정을 경험해볼 수 있는 놀이입니다. 인공지능 시대에 부딪힐 수 있는 윤리적 문제를 간접 체험해봄으로써 인공지능 시대를 살아갈 바른 덕목을 갖춘 어린이로 성장할 수 있습니다.

1 인공지능 놀이를 위해 인공지능 보드판(부록), 윤리 상황 카드(부록), 주사위(부록), 가위, 말로 사용할 작은 장난감 2개가 필요합니다.

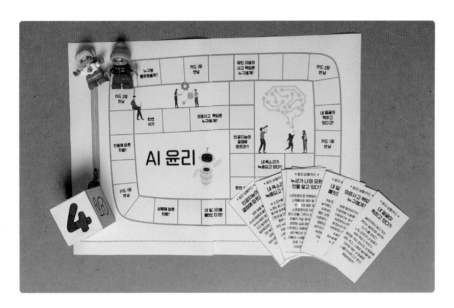

2 가위바위보로 이긴 사람이 먼저 주사위를 던져 나온 수만큼 말을 이동시킵니다.

3 도착한 곳에 적힌 제목과 같은 윤리 상황 카드를 1장 가지고 와 적혀 있는 이야기를 읽습니다.

4 문제 상황에 대해 어떻게 생각하는지 또는 이 문제의 책임은 누가 져야 하는지 또는 이 문제를 어떻게 해결하면 좋을지 등 자신의 생각을 말해봅니다. 상대방이 이야기를 듣고 잘 이야기했다고 판단하면 말한 사람은 윤리 상황 카드를 가질 수 있어요.

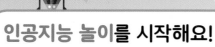

5️⃣ 다음 차례의 사람이 주사위를 던져 이동하며 같은 방법으로 윤리 상황 카드를 모아 봅니다.

6️⃣ 윤리 상황 카드 5장을 모두 모으면 게임은 끝납니다. 자신이 모은 5장의 카드를 다시 한번 살펴보고 인공지능 시대에 발생할 수 있는 다양한 윤리적 문제 상황을 확인합니다.

1인용 게임으로 진행해보기

본 활동을 여러 명이 하기 어렵다면 혼자 1인용 게임으로도 진행할 수 있어요.

❶ 주사위를 던져서 이동해요. 도착한 곳에 적힌 문제와 관련된 윤리 상황 카드를 읽고 자신의
   생각을 카드 아래나 뒷면에 간단하게 적어요.

❷ 주사위를 계속 던지며 이동하고 같은 방법으로 윤리 상황 카드에 자신 생각을 적어요.
   5장의 윤리 상황 카드를 모두 모으면 게임은 끝이 납니다.

인공지능 시대의 윤리적 문제?

인간의 삶을 편리하게 하고 도움을 주는 인공지능 기술, 하지만 그만큼 해결해야 하는 새로운 윤리적 문제들도 많습니다. 대표적인 예가 바로 자율주행차 사고 시 책임 소재에 관한 문제입니다. 자율주행차가 교통사고를 냈을 때 누가 그 사고에 대한 책임을 져야 하는가 하는 것이죠. 자율주행차를 소유한 주인이 책임을 져야 하는지, 자율주행차를 만든 회사가 책임을 져야 하는지, 아니면 오작동을 일으킨 인공지능이 책임져야 하는지 말입니다.

AI의 일자리 대체 역시 해결해야 할 윤리 문제라고 할 수 있습니다. 인공지능이 인간의 일을 대체하면서 수많은 실업자가 발생하고, 실업자가 된 인간은 자신이 기계보다 못한 존재라 생각하며 자존감을 잃거나 좌절하게 됩니다. 인간만이 할 수 있는 창의적인 일을 하는 직업을 가지면 좋겠지만 일자리는 한정되어 있기 때문에 이 문제 역시 쉽게 해결할 수 없습니다.

또한, 인공지능이 제대로 판단하고 움직이기 위해서는 엄청난 양의 데이터가 필요합니다. 그런데 이렇게 수집되는 데이터 중에는 개인에게는 상당히 민감한 개인 정보를 담고 있는 경우가 많습니다. 음성 인식 기술에 사용되는 목소리, 영상 인식 기술에 사용되는 얼굴, 스마트폰에 입력하는 검색어, 위치 정보 등 수많은 데이터가 인공지능 기술을 활용하는데 필요합니다.

AI와 상호작용 시 인지 문제 또한 윤리적 문제로 볼 수 있습니다. 예를 들어 전화로 심리 상담을 받으면서 상담하는 의사에게 오랜 기간 많이 의지하고 도움을 받았는데 알고 보니 사람이 아닌 AI 의사라면 기분이 어떨까요? 처음부터 알고 시작했다면 모르지만, 나중에 알게 되었을 때 느낄 상실감이나 허무함이 상당히 클 수 있습니다. 이렇게 다양한 윤리적 문제를 줄이기 위해서는 어떤 노력이 필요할까요? 잘 생각해보고 인공지능 시대를 현명하게 살았기 위한 역량을 키워보세요.

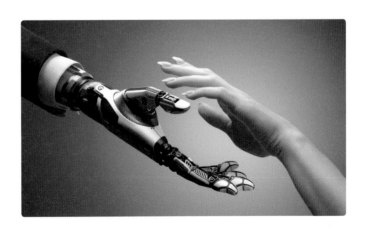

부록

책에 없는 부록자료가 필요하다면?

영진닷컴 홈페이지에서 다운로드 할 수 있어요!

❶ 영진닷컴 홈페이지(www.youngjin.com)에 접속합니다.

❷ [고객센터]를 클릭한 후 [부록CD다운로드] 게시판에 들어갑니다.

❸ '언플러그드를 만나다'를 입력한 후 [검색] 버튼을 클릭합니다.

❹ 검색 목록에 나온 '인공지능, 언플러그드를 만나다'의 [부록CD다운로드]
버튼을 클릭합니다.

❺ 자료를 다운로드 받은 후 프린트해서 사용하면 됩니다.

이야기의 줄거리를 작성해요.

1장면 : 2030년, 대한민국	2장면 :
3장면 :	4장면 :

1장면 :	2장면 :
3장면 :	4장면 :

◎ 오려서 사용하세요.

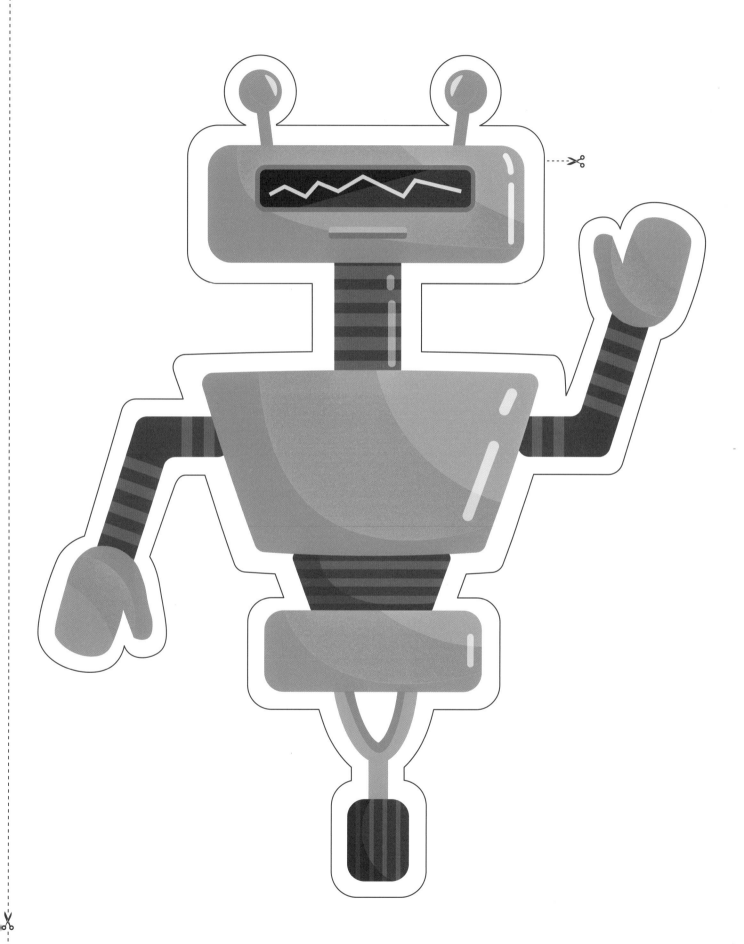

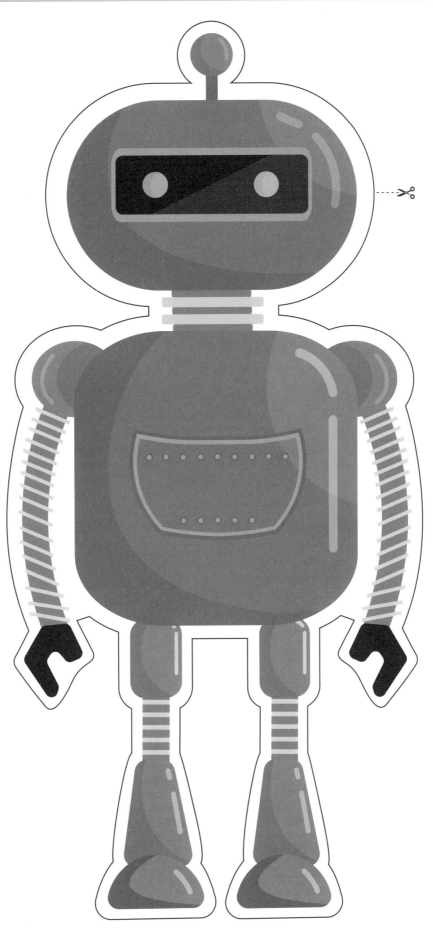

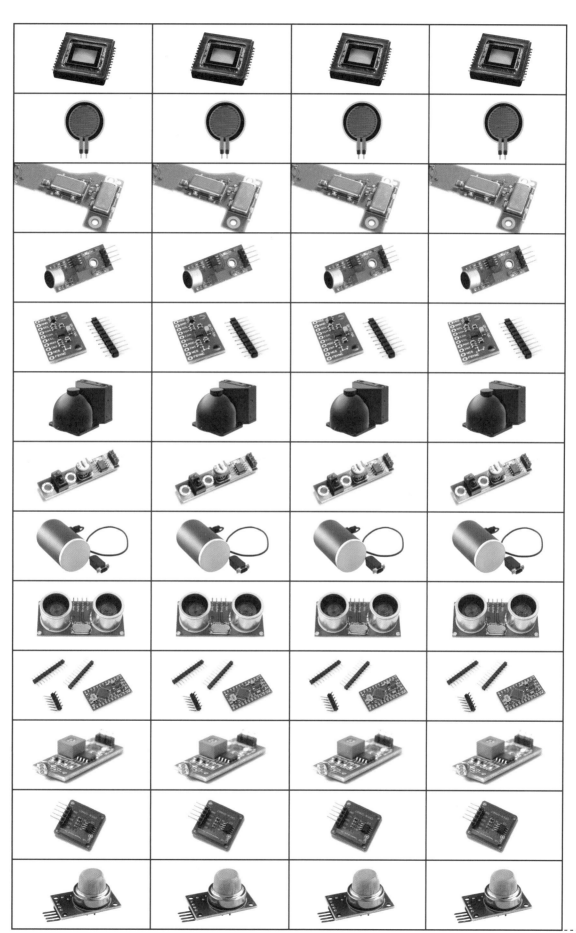

테마 : 날씨

테마 : 음악

테마 : 댄스

테마 : 집안일

내 마음대로 쿠폰	내 마음대로 쿠폰	내 마음대로 쿠폰
부탁 1가지 들어주기	**청소 면제**	**안마하기**

유효기간 : _____	유효기간 : _____	유효기간 : _____

내 마음대로 쿠폰	내 마음대로 쿠폰	내 마음대로 쿠폰
안아주기	**숙제 면제**	**맛있는 거 먹기**

유효기간 : _____	유효기간 : _____	유효기간 : _____

내 마음대로 쿠폰	내 마음대로 쿠폰	내 마음대로 쿠폰
TV 보기	**게임하기**	**선물 주기**

유효기간 : _____	유효기간 : _____	유효기간 : _____

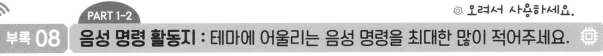
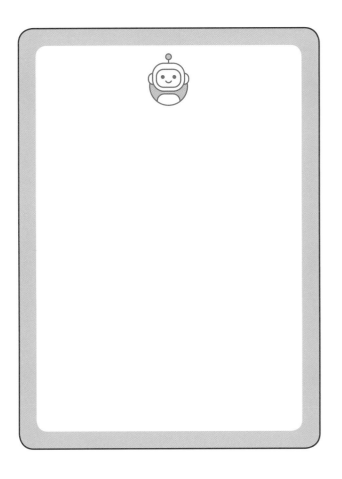

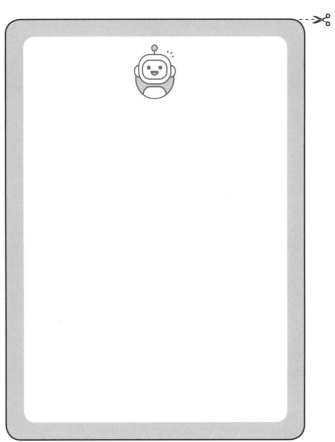

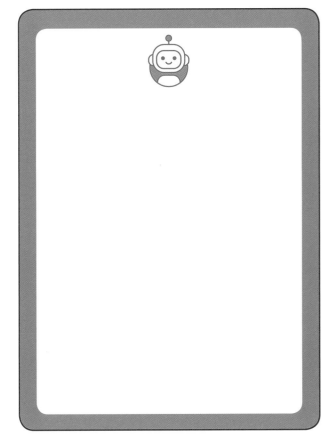

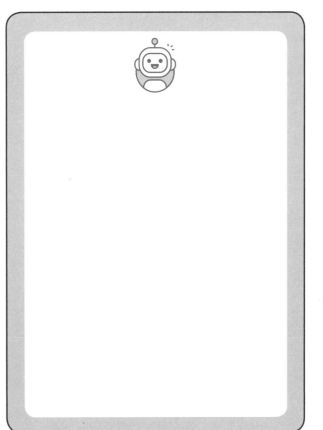

기쁨

행복함

놀람

황당함

슬픔

서운함

화남	평온함
무서움	싫음
좋음	만족함

기쁨

행복함

놀람

황당함

슬픔

서운함

화남

평온함

무서움

싫음

좋음

만족함

포커페이스

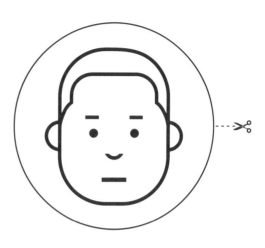

포커페이스

포커페이스

인식 실패

인식 실패

인식 실패

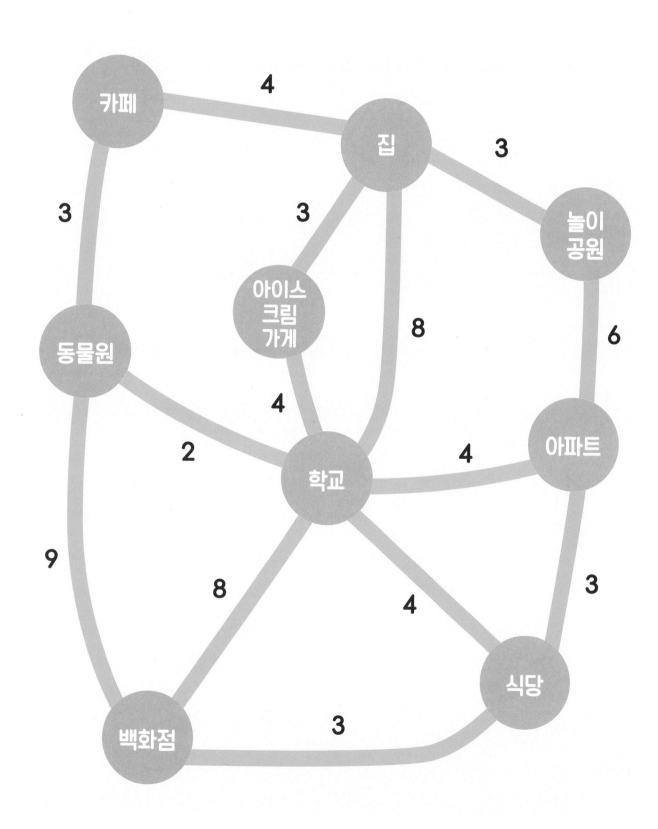

❶번 경로

집 ▶ 카페 ▶ 동물원 ▶ 학교	총합

❷번 경로

집 ▶ 아이스크림 가게 ▶ 학교	총합

❸번 경로

집 ▶ 학교	총합

❹번 경로

집 ▶ 놀이공원 ▶ 아파트 ▶ 학교	총합

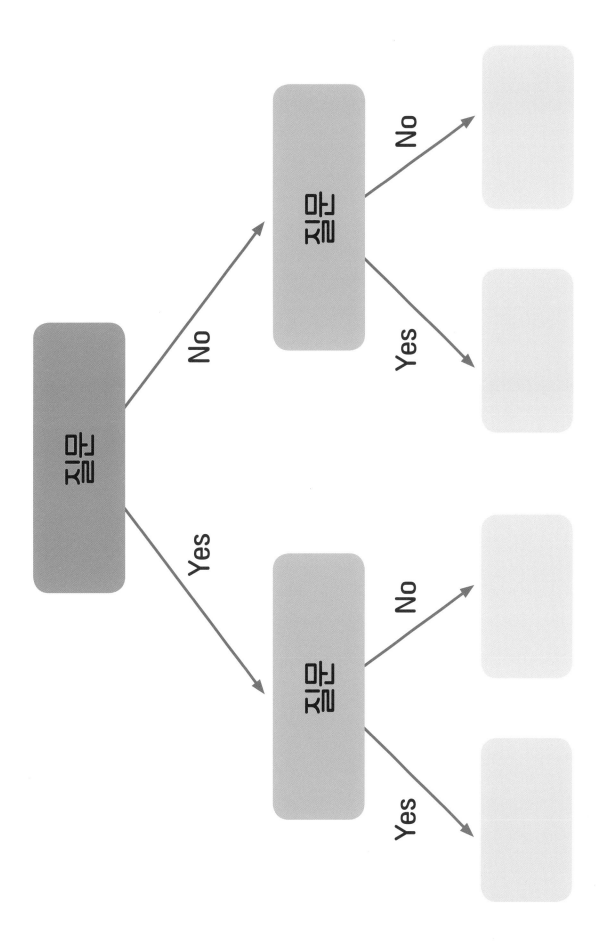

테마 : 동물

질문 1)
날개가 있나요?

질문 2)
날 수 있나요?

질문3)
지느러미가 있나요?

테마 : 선물

질문 1)
먹을 수 있나요?

질문 2)
녹는 것인가요?

질문3)
발로 차며 놀 수 있나요?

테마 : 운동

질문 1)
물에서 하나요?

질문 2)
공은 손으로 던지나요?

질문3)
배가 필요한가요?

테마 : 직업

질문 1)
연예인인가요?

질문 2)
노래를 부르나요?

질문3)
범인을 잡나요?

영진이는 아침 7시 반에서 8시 사이, 저녁 6시에서 7시 사이에 냉장고를 자주 열어요.	영진이네 집은 ○○시 ○○동에 위치하고 있어요.	세탁기에 물빨래가 가능한 옷과 물빨래를 해서는 안 되는 옷이 섞여있어요.	먼지 필터에 먼지가 90%를 넘었어요.
오전 10시에서 오후 1시까지 영진이네 식구들은 집에 거의 없어요.	영진이네 주방의 온도는 평균 20도, 습도는 평균 54% 정도 돼요.	영진이가 사는 동네는 사계절 내내 따뜻한 편이에요. 영진이는 비가 오면 꼭 비옷을 입고 외출해요.	오염 정도가 70% 이상인 옷이 있어요.
집안의 먼지 농도가 60%로 높아요.	영진이는 BTS를 정말 좋아해요. 하루에도 몇 번씩 BTS 노래를 들어요.	영진이네 식구들은 평소 야채를 자주 먹기 때문에 냉장고에는 항상 야채가 있어요.	현재 세탁기에 세제가 10% 정도 남아있어요.
영진이네 식구들은 사계절 내내 얼음을 사용해요.	현재 세탁기에 빨래감의 무게가 8kg 정도 돼요.	영진이네 식구가 잠든 밤에는 작동하지 않아요.	영진이네 식구들은 주말 오후가 되면 거실에서 함께 음악을 들어요.

AI 냉장고

영진이가 냉장고를 사용하는 시간 패턴 데이터, 냉장고가 설치된 곳의 온도 데이터, 습도 데이터 등을 파악하여 냉장고를 사용하지 않는 시간대에는 자동으로 절전 운행하고, 계절에 따라 음식물 보관을 위한 온도를 조절할 수 있음.

풀로 붙이세요.

풀로 붙이세요.

풀로 붙이세요.

풀로 붙이세요.

AI 스피커

영진이가 맛집을 알려달라고 하면 영진이가 있는 곳 근처에 있는 맛집을 검색해 알려주고, 아침이면 영진이가 사는 곳의 날씨에 대한 정보와 함께 어떤 옷을 입으면 좋을지 이야기해줌. 영진이가 평소 즐겨듣는 노래를 찾아 들려주기도 함.

풀로 붙이세요.

풀로 붙이세요.

풀로 붙이세요.

풀로 붙이세요.

AI 청소기		
영진이가 학교가 있는 시간 동안에 자동으로 집안 청소를 하며 필터를 갈아야 할 때가 되면 음성으로 알려줌. 집안 먼지 상태에 따라 강약과 청소 지속 시간을 자동으로 조절하여 움직이며 필터 교체 주기를 알려줌. 	풀로 붙이세요.	풀로 붙이세요.
	풀로 붙이세요.	풀로 붙이세요.

AI 세탁기		
영진이가 세탁기에 옷을 넣으면 옷감을 확인하고 분류하여 옷감에 따라 각기 다른 모드로 세탁함. 계절, 온도, 습도, 오염 정도 등에 따라 세제의 양, 건조의 세기 등을 자동 조절하여 세탁에서 건조까지 완료할 수 있음.	풀로 붙이세요.	풀로 붙이세요.
	풀로 붙이세요.	풀로 붙이세요.

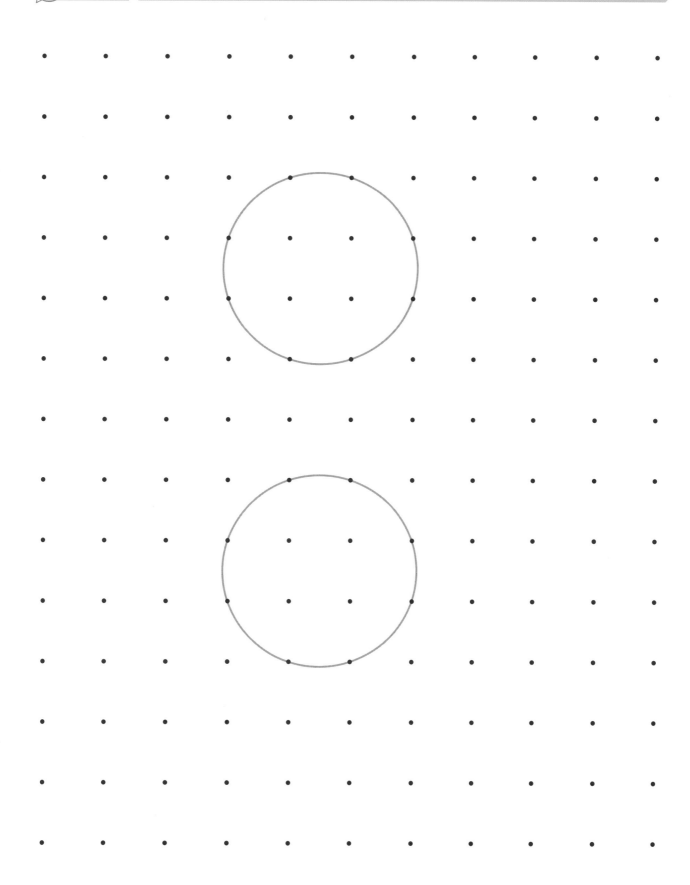

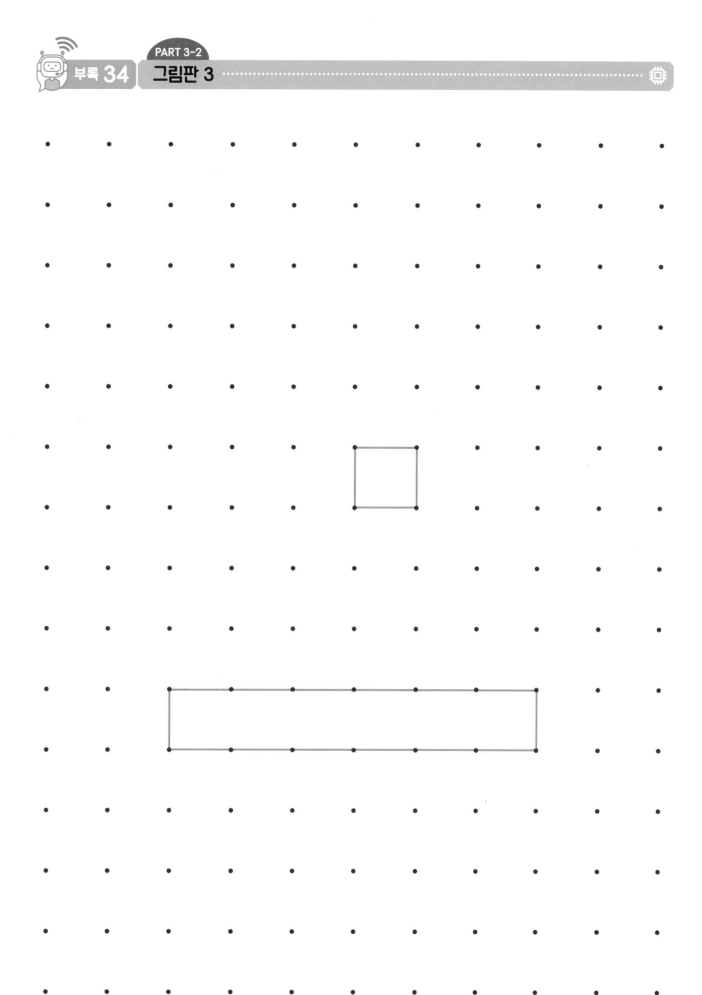

테마 : 취미

★ 취미는 무엇인가요?

★ 그 취미를 가지게 된 이유는 무엇인가요?

★ 새로운 취미를 가진다면 무엇을 해보고 싶나요?

테마 : 음식

★ 오늘 저녁 식사 메뉴는 무엇인가요?

★ 요리를 잘 하나요?

★ 제일 잘 하는 요리는 무엇인가요?

★ 어떤 음식을 좋아하나요?

테마 : 운동

★ 운동하는 것을 좋아하나요? 아니면 보는 것을 좋아하나요?

★ 왜 그 운동을 좋아하나요?

★ 건강을 위해 배우고 싶은 운동이 있나요?

테마 : 여행

★ 여행을 좋아하나요?

★ 가본 곳 중 가장 좋았던 곳은 어디인가요?

★ 내일 여행을 간다면 어디로 가고 싶나요?

나는 20대 여자 대학생입니다.

나는 10대 남학생입니다.

나는 40대 아빠입니다.

나는 60대 할머니입니다.

나는 30대 엄마입니다.

나는 7살 유치원생입니다.

안전/위험 상황 카드

안전

위험

인공지능 앱 카드	인공지능 앱 카드	인공지능 앱 카드
나에게 꼭 맞는 학습법 추천 서비스 앱	**한국어를 영어로? 영어를 한국어로? 번역 앱**	**무엇이든 알려드려요! 무엇이든 물어봐 앱**

인공지능 앱 카드	인공지능 앱 카드	인공지능 앱 카드
어려운 숙제 혼자하지 마! 숙제 도우미 앱	**자동으로 알려주는 메모 앱**	**세계 어디를 가도 괜찮아! 통역 앱**

인공지능 앱 카드	인공지능 앱 카드	인공지능 앱 카드
내 마음을 알아주는 친구 앱	**나의 생활 습관으로 알려주는 건강 관리 앱**	**기분에 따라 음악 추천하는 음악 앱**
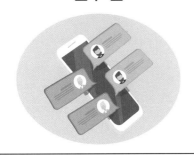		
인공지능 앱 카드	인공지능 앱 카드	인공지능 앱 카드
밖에서도 우리 집을 관리하는 홈케어 앱	**나의 위치에 따라 위험한 곳 알려주는 안전 앱**	**날씨에 따라 입을 옷 결정해주는 코디 앱**

인공지능 앱 카드	인공지능 앱 카드	인공지능 앱 카드
알고 싶은 사람의 아이디와 비밀번호를 해킹해주는 앱 	보고싶은 영화를 자동 추천해 불법다운시켜주는 앱 	폭력적이고 자극적인 게임을 추천하는 앱 
인공지능 앱 카드	인공지능 앱 카드	인공지능 앱 카드
다른 사람의 사진을 추천해 합성하는 앱 	다른 사람의 집안을 살펴볼 수 있는 CCTV 앱 	인종이나 성별에 따라 차별적인 내용을 자동 노출시키는 앱 
인공지능 앱 카드	인공지능 앱 카드	인공지능 앱 카드
다른 일을 못하게 자신과 계속해서 대화를 하도록 유도하는 앱 	부정적인 피드백을 계속 노출해 자존감을 떨어트리는 앱 	돈을 계속 쓰도록 쇼핑을 부추기는 앱 
인공지능 앱 카드	인공지능 앱 카드	인공지능 앱 카드
다른 사람의 개인정보를 이용한 정보를 알려주는 앱 	듣고싶은 음악을 자동 추천해 불법다운시켜주는 앱 	다른 사람의 생활 패턴에 대한 정보를 알려주는 앱 

인공지능 앱 카드	인공지능 앱 카드	인공지능 앱 카드
알고 싶은 사람의 아이디와 비밀번호를 해킹해주는 앱 	보고싶은 영화를 자동 추천해 불법다운시켜주는 앱 	폭력적이고 자극적인 게임을 추천하는 앱 
인공지능 앱 카드	인공지능 앱 카드	인공지능 앱 카드
다른 사람의 사진을 추천해 합성하는 앱 	다른 사람의 집안을 살펴볼 수 있는 CCTV 앱 	인종이나 성별에 따라 차별적인 내용을 자동 노출시키는 앱 
인공지능 앱 카드	인공지능 앱 카드	인공지능 앱 카드
다른 일을 못하게 자신과 계속해서 대화를 하도록 유도하는 앱 	부정적인 피드백을 계속 노출해 자존감을 떨어트리는 앱 	돈을 계속 쓰도록 쇼핑을 부추기는 앱 
인공지능 앱 카드	인공지능 앱 카드	인공지능 앱 카드
다른 사람의 개인정보를 이용한 정보를 알려주는 앱 	듣고싶은 음악을 자동 추천해 불법다운시켜주는 앱 	다른 사람의 생활 패턴에 대한 정보를 알려주는 앱 

★ 윤리 상황 카드 ★

누구랑 통화했을까?

지희는 새로 산 가방에 대한 불만 접수를 하기 위해 서비스센터에 전화했다. 상담을 다 마치고 나서야 지희는 자신이 AI와 통화한 것을 알았다. AI인지도 모르고 통화한 지희, 괜찮은 걸까?

★ 윤리 상황 카드 ★

무인 자동차 사고 책임은 누구에게?

늦은 밤 운전하기가 힘들다고 생각한 성수 아빠는 뒷자석에 앉아 자율주행 모드를 사용했다. 그런데 집으로 가는 길 교통사고가 발생해 횡단보도를 지나가던 사람이 크게 다쳤다. 누구에게 책임이 있는 걸까?

★ 윤리 상황 카드 ★

내 얼굴이 찍히고 있다?!

놀이터에서 놀고 있는 제이는 놀이터에 설치된 CCTV를 보았다. 나도 모르게 내 얼굴이 계속 찍히고 있었다. 동의한 적도 없는데 내 얼굴을 모두 찍고, 다음에 놀러올 때 이번에 찍힌 내 얼굴로 나를 인식한다고 한다. 괜찮은 걸까?

★ 윤리 상황 카드 ★

조작된 데이터를 학습한 거라면?

좋아하는 음악을 알아서 추천해주는 AI 음악 앱으로 자주 음악을 듣는 건이. 그런데 어느날부터 내가 좋아하지 않는 음악을 추천한다. 알아보니 누군가 나의 데이터를 임의로 조작했다고 하는데, 괜찮은 걸까?

★ 윤리 상황 카드 ★

지역에 따른 차별?

맛집 추천 AI 앱을 자주 사용하는 준이. 그런데 이상하게 ○○시 맛집에 대한 정보는 올라오지 않는다. 분명 ○○시에도 맛집이 있는데 왜 ○○시의 맛집은 추천하지 않는걸까? 누군가 일부로 특정 지역에 대한 데이터를 뺀 것은 아닐까?

★ 윤리 상황 카드 ★

내 일자리를 빼앗긴다면?

주호의 삼촌은 오늘 실직했다. 그 이유는 바로 삼촌보다 더 많은 일을 빨리 오랫동안 할 수 있는 AI 로봇이 회사에 들어왔기 때문이다. 하루 아침에 실직자가 된 주호의 삼촌, AI 로봇에게 일자리를 이렇게 다 뺏겨도 괜찮은 걸까?

★ 윤리 상황 카드 ★

성별에 따른 차별?

이번에 새로 나온 AI 모자. 머리에 쓰면 자동으로 머리에 꼭 맞게 사이즈를 조정해준다. 그런데 남동생이 썼을 때는 꼭 맞게 조정이 되는데 여자인 내가 쓰면 잘 맞지 않는다. 이유를 알아보니 남자 머리에 대한 데이터를 훨씬 많이 사용했기 때문이라는데... 이대로 괜찮은 걸까?

★ 윤리 상황카드 ★

인종에 따른 차별?

보라 엄마는 미국 자동차에 AI 기능이 있어 사고가 발생했을 때 사용자의 체형에 따라 보호가 된다고 해서 구입했다. 그런데 막상 사고가 났을 때 보호 장치가 제대로 작동하지 않았다. 알고 보니 백인 성인 남자에 대한 데이터 기준으로 만들었던 것. 인종뿐 아니라 성별에 대한 차별이라고 생각한 보라 엄마는 화가 났는데... 이대로 괜찮은 걸까?

★ 윤리 상황 카드 ★

의료 사고 책임은 누구에게?

보배 할아버지는 이번에 인공관절 수술을 받으셨다. 사람보다는 실수가 적다는 AI 로봇 의사에게 수술을 맡겼는데 어찌된 일인지 AI 로봇 의사의 오작동으로 수술이 잘못되어 재수술을 받으셔야 한다. 누구의 책임일까?

★ 윤리 상황 카드 ★

인공지능의 결정에 따르라?!

모든 일을 할 때 AI 비서 앱에게 물어보는 준수. AI 비서 앱이 알려 준 길대로 가고 알려 준 대로 공부하며 알려 준 대로 친구와 더 놀지 그만 놀지도 결정한다. 모든 일의 결정을 AI 비서 앱에게 맡기는 준수, 이대로 괜찮은 걸까?

★ 윤리 상황 카드 ★

내 목소리가 녹음되고 있다?!

AI 스피커를 통해 자주 노래도 듣고 날씨도 물으며 즐거운 하루를 보내는 은이. 그런데 알고보니 AI 스피커를 통해 나의 목소리가 모두 녹음되고 다른 곳에서 저장되고 있었다. 좀 더 나은 AI 스피커 서비스를 위한 것이라고 하는데, 괜찮은 걸까?

★ 윤리 상황 카드 ★

누군가 나의 모든 것을 알고 있다?

스마트폰으로 은행 일도 하고, 스케줄러로 해야 할 일도 관리하며 많은 일을 스마트폰으로 처리하는 윤지 아빠. 그런데 어느 날부터 아빠가 전날 검색한 내용과 관련된 쇼핑 정보가 보이기 시작한다. 처음에는 편리하다고 생각했지만 갈수록 누군가 아빠의 사생활을 감시하는 것 같은 기분이 드는데... 이대로 괜찮은 걸까?

풀칠하는 곳

풀칠하는 곳

풀칠하는 곳

풀칠하는 곳

풀칠하는 곳

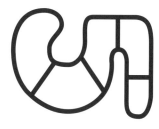

풀칠하는 곳

풀칠하는 곳

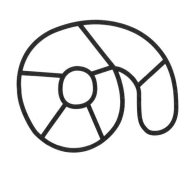